LES DANGERS D'UNE PROLONGATION

DE LA LIBERTÉ ABSOLUE DE LA PRESSE,

DÉMONTRÉS

PAR LES SOPHISMES DE SES DÉFENSEURS,

OU LA RÉFUTATION DU DERNIER DISCOURS

DE M. DE CHATEAUBRIAND,

AVEC LE TEXTE TOUT ENTIER DE CE DISCOURS EN REGARD.

PAR M. A. MADROLLE.

« L'iniquité s'est menti à elle-même. »
(Psaume XXVI, v. 12.)

PARIS.

LIBRAIRIE D'ADRIEN LE CLERE ET Cⁱᵉ,

QUAI DES AUGUSTINS, Nº 35.

PRÉFACE

DE L'AUTEUR.

Un vertueux et célèbre serviteur de la monarchie, qui, dans les dernières années de sa vie surtout, avoit le sentiment de très - grandes vérités (1), a très - bien fait observer qu'à présent le courage ne consistoit pas à dire la vérité aux rois, mais à la dire aux peuples. Il a oublié de nous en donner la raison : lorsque les peuples sont devenus rois par la liberté absolue de la presse, lorsqu'enfin la souveraineté est déplacée, il faut que l'héroïsme ou la flatterie soient déplacés aussi.

Or le mal n'est pas dans l'enrôlement des funérailles; il n'est pas dans les insurrections des écoliers; il n'est pas dans les remontrances polies des académies; il

(1) Feu M. Bellart.

(iv)

n'est pas dans les remontrances même armées des gardes *nationales.*

Le mal n'est pas dans les oppositions quelquefois éloquentes, et toujours redoutables de M. Royer-Collard (1), de

(1) Le discours de M. Royer-Collard repose tout entier sur un seul sophisme. L'orateur a supposé que le projet de loi faisoit une *confusion superbe du bien et du mal, de l'innocent et du coupable* des crimes de la presse. M. Royer-Collard, en votant contre ce projet de loi, qu'il appelle, par cette raison sans doute, *tyrannique* et même *athée,* voteroit donc pour celui qui permettroit, en fait d'écrit, les vérités religieuses, et qui ne puniroit que les erreurs qui leur sont contraires; pour un projet de loi éminemment religieux, catholique enfin, et tout-à-fait de la *religion de l'État?* Nous prenons acte de son aveu pour la session prochaine. Mais il faut le dire, nous n'avons pas grande foi à cette espérance. M. Royer-Collard s'est imaginé, et il n'a pas craint d'apprendre, dans le même discours, à *la France,* c'est-à-dire, à la grande majorité de la nation, qu'*elle valoit mieux que le gouvernement* de son roi; ce qui laisse assez penser que M. Royer-Collard voit *le bien* et *le mal, le crime* et *l'innocence* là où ils ne sont pas précisément. Il nous a même déclaré que *la loi* qu'il attaquoit *annonçoit l'existence d'une faction dans le gouvernement;* ce qui étoit assez dire

(v)

M. Benjamin Constant, à la chambre des députés.

Il ne seroit pas même dans telle ou telle conspiration, dans telle ou telle révolte positive, ensanglantée.

Il est seulement, *il est tout entier* dans les livres, dans les brochures, dans les journaux de la liberté ; et même, on peut le dire, il est seulement et tout entier dans le petit nombre des écrivains célèbres, et dans le seul journal devenu populaire, qui les publient, ou les préconisent.

Le mal est, par exemple, dans les *OEuvres* de M. de Montlosier et de M. de Châteaubriand.

que *la légitimité* étoit *ailleurs.* Nous croyions que c'étoient les peuples qui *trahirent la cause sacrée :* il nous affirme, lui , que ce sont *les rois.* Et c'est alors qu'il ajoute que *la révolution est aux portes :* dans son opinion, cette révolution, si elle arrive, ne sera pas répréhensible. S'il y avoit quelque part une *confusion du bien et du mal,* ne seroit-ce pas ici qu'elle seroit ? O France, quels sont tes défenseurs !

(vj)

Il est surtout dans le *Constitutionnel* (1).

Le mal enfin n'est pas dans les *actes*.
Il est dans la *pensée* (2).

Il n'est pas dans *l'effet*, mais dans la
cause.

Il n'est pas dans la révolution même
proprement dite, il est dans la liberté
absolue de la parole et de la presse qui
conspire la révolution.

Le mal n'est pas dans l'abus le plus
effréné possible de la liberté de la presse.

Il est dans l'opinion qui la proclame,
il est dans la défense qui la justifie, et qui
tourne, comme M. de Châteaubriand l'a
fait, en faveur des crimes de la presse jusqu'aux argumens qu'on devroit appliquer
à ses bienfaits.

(1) Je ne crois pas le blesser; car je reconnois par là
l'habileté et la puissance..... j'allois dire la royauté de
ses rédacteurs; et je ne dis d'eux après tout que ce qu'à
notre place, et nous à la leur, ils diroient de nous.

(2) M. le baron d'Eckstein le dit très-bien dans le
dernier N° de son *Catholique*.

(vij)

Grâces aux prescriptions, et même aux commandemens du *Constitutionnel*, du *Journal des Débats*, etc., la chambre des députés a reçu successivement dans son sein des hommes dont les erreurs politiques sont d'autant plus dangereuses, qu'elles sont colorées par des talens et même par des vertus privées. Ellé vient de recevoir jusqu'à celui qui s'est dévoué (car le libéralisme est un sujet de dévotion aussi bien que le christianisme) à la défense de toutes les erreurs de la presse, croyant peut-être ne s'être dévoué qu'à la défense de tous ses avantages.

Laissez faire encore deux ans les causes de ces effrayans résultats; laissez le *Constitutionnel* (1) présenter et soutenir

(1) « Les électeurs de Mamers ont donné un honorable exemple, non-seulement sous le rapport de la persévérance, mais encore sous celui de la dignité...... On ne sauroit trop le répéter : l'élection de Mamers, comme celles de Rouen et d'Orléans, ont donné de *nobles exemples à tous les électeurs de France.* » (Constitutionnel du 1er juin.)

ses candidats dans les élections, et les électeurs de *l'Isère* ramèneront à la face de Charles X les juges de sa dynastie, et vous retrouverez la chambre que vous eussiez crue *introuvable*..... la *Convention!!!*

On ne s'attend pas que j'entre dans la discussion de tous les adversaires du ministère; la vérité se contente d'attaquer les principales erreurs, comme un souverain ne condamne que les grands coupables et amnistie le reste. Une fois notés les *grands esprits faux*, quelle force reste aux petits? C'est autant de mendians qui ni vivent qu'*à sa suite* ou à sa faveur.

« Il faudra donc qu'il y ait des élections générales, et la loi qui consacre le rétablissement facultatif de la censure ne permet pas qu'elle existe à ces époques solennelles. Le *ministère,* d'ailleurs, *croit-il qu'il se présenteroit avec plus de faveur devant les collèges électoraux* après avoir usé de cette monstrueuse faculté? Dans l'état actuel des choses, la censure ne peut aplanir aucune difficulté, elle n'est propre qu'à les compliquer davantage. » (*Courrier* du même jour.)

On peut considérer la défense de la presse de M. de Châteaubriand comme le résumé de tous les sophismes connus en sa faveur, de toutes les défenses qu'on en a faites jusqu'à ce jour : il n'y a changé que la façon ; c'est la faute, moins la honte, ou même peut-être plus, la gloire.

M. de Châteaubriand ne répond jamais, il redit. Il y a toujours chez lui fausseté dans le fait, ou sophisme dans la conséquence. Il finit aujourd'hui par où il a commencé en 1797; et l'*Essai sur les révolutions*, de son âge mûr, est bien autrement grave et bien autrement dangereux que celui de son enfance.

M. de Châteaubriand a pour lui la célébrité : il suffit que nous ayons la raison pour nous.

Nous avons rapporté textuellement et religieusement le discours tout entier que nous réfutons, afin qu'on ne puisse pas plus nous accuser de peur que d'infidélité.

Nous avons suivi pied à pied ce discours

pour le réfuter. Entre l'inconvénient de redire, ou de ne pas dire à sa place, et l'inconvénient de ne point paroître exact, il n'y avoit pas à balancer.

Dédaignant les petits faits, les petits argumens faux, dédaignant toutes les erreurs littéraires, pour ne voir que les erreurs véritables, nous ne réfutons que les grands faits faux, ou les grands sophismes de ce caractère : c'étoit, au fond, ne rien omettre.

Souvent un mot nous a suffi pour faire sentir l'erreur d'une longue proposition. Nous avons pris le temps nécessaire pour être courts. Afin d'être entendus par nos lecteurs, nous ne les prions que de deux choses : la première, de lire exactement la proposition réfutée, et surtout la partie de cette proposition que nous avons pris le soin de souligner, avant de lire la réfutation; la seconde chose, c'est de réunir et de classer dans leur pensée les diverses parties de notre réfutation pour l'apprécier, et de tout réunir pour tout entendre.

(xj)

Nous avons fait en sorte de ne laisser aucune objection sérieuse à notre opinion
sans réponse (1).

Nous avons dit un mot sur la façon de
notre écrit; nous en dirons un sur son objet. Nous avons voulu convaincre; nous
serions désolés d'avoir blessé.

Nous croyons, dans toute la sincérité
de notre cœur, et avec toute la certitude
de notre esprit, que le bon parti, ou, si l'on
veut, le parti catholique, dans une société,
doit, avant tout, et sous peine de crime,
aimer le parti contraire, par la raison toute
simple qu'il l'a suscité. Sujets, ministres,
rois; fidèles, prêtres, dépouillons jusqu'aux derniers vestiges de l'orgueil; soyons
éclairés, ayons du talent, soyons humbles,
soyons charitables, comme le Dieu que
nous prétendons servir nous en fait un de-

____

(1) Il y a des vérités que nous n'avons pu qu'im-
parfaitement démontrer, ou même que nous n'avons pu
qu'énoncer; cela étoit inévitable dans un écrit fait à la
hâte, et dont la première condition étoit le laconisme
Nous les avons développées ailleurs.

voir, et au lieu d'avoir tout le monde pour ennemi, nous l'aurons pour recrue! Tous les grands libéraux, MM. de Châteaubriand, de Montlosier, Royer-Collard, Benjamin Constant, Etienne, Fiévée, Kératry, de Salvandy, Cauchois-Lemaire, Guizot, Dubois, de Pradt, n'ont d'armes que celles que nous leur avons données: ils doivent leurs victoires à nos fautes. Le plus grand malheur des hommes, et surtout de l'autorité, c'est l'ignorance de la TOUTE-PUISSANCE DE LA CHARITÉ; et si la révolution même nous arrive, c'est nous qui l'aurons faite.

Après tout, l'écolier qui juge son maître, l'académicien ou le garde national qui juge son Roi, ne sont qu'à plaindre; l'écrivain, qui publie librement et éloquemment l'erreur, doit seul inspirer l'effroi.

Il y a entre celui-ci et les autres la différence qu'il y a entre les incendiaires et le feu. Il faut éteindre le feu, sans doute, lorsqu'il est possible de l'éteindre sans le

(xiij)

fortifier. Mais il faut en même temps *arréter* ses auteurs; il faut surtout les *prévenir*. Le gouvernement, dans le premier cas, n'a pour adversaires que des parties intéressées, ce qui est naturel; dans le second cas, il a l'avantage de n'avoir pas même d'adversaires.

La raison démontre hautement la souveraineté de la pensée, de la parole, de l'imprimerie.

Veut-on des autorités, et des autorités irrécusables? nous en avons réuni un grand nombre d'importantes dans un autre ouvrage (1); en voici de nouvelles, dont plusieurs ont surtout le mérite de l'à-propos.

₊*₊ « L'univers entier, a dit Voltaire, obéit à des livres. » (*M. le baron Massias, Principes de littérature.*)

₊*₊ « A considérer les désordres affreux que l'imprimerie a déjà causés en Europe, à juger de l'avenir par les progrès que le

______
(1) Dans la *Défense de l'Ordre social.*

mal fait d'un jour à l'autre, on peut prévoir aisément que les souverains ne tarderont pas à se donner autant de soins pour bannir cet art terrible de leurs Etats, qu'ils en ont pris pour l'y introduire. » (*J.-J. Rousseau, Discours sur les sciences,* etc.)

*** « On tue plus de royalistes avec la liberté de la presse qu'avec le canon et la guillotine. » (*Prudhomme.*)

*** « La parole est le sceptre du monde.... c'est elle qui a fondé le christianisme; la réforme s'est faite par elle.... c'est elle qui a créé les gouvernemens constitutionnels. » (*Revue politique de l'Europe en* 1826.)

*** « C'est la liberté de la presse qui a le plus contribué à la destruction du pouvoir monarchique; tout le monde en convient, etc. » (*M. Fiévée.*)

*** « Une idée passe des livres dans les mœurs. » (*Discours de M. Guizot, à la Société de morale chrétienne, en* 1826.)

₊*₊ « Le génie d'abord hasarde les principes dans les livres, et le temps les introduit ensuite dans les lois. » (Bravos réitérés (1).) (*Discours de M. Villemain, à l'Académie française, en* 1827.)

₊*₊ « L'assassinat du duc de Berri est le fruit des maximes subversives de l'ordre social, prêchées avec tant d'audace depuis que tout frein a été ôté à la licence des journaux. » (*M. Decaze.*)

₊*₊ « Les journaux calomniateurs, réunis par le mensonge, corrompent la France et la dégradent. » (*M. B. Constant.*)

₊*₊ « Les journaux sont l'arme la plus dangereuse. » (*M. de Châteaubriand.*)

₊*₊ « Oui, ce sont vos exécrables doctrines qui ont assassiné l'infortuné Berri. » (*Ibid.*)

Tout le monde convient de la toute-puissance de la liberté de la presse.

D'un autre côté, son action n'a jamais été plus active, plus générale, et sa répression plus inerte, qu'elles ne le sont de nos jours.

(1) *Journal des Débats.*

(xvj)

Un *rapport* présenté *au Roi* sur l'état de la justice criminelle en France, dans le cours de 1826 (en nous apprenant que les autres criminels augmentent), nous apprend aussi que, sur l'infiniment petit nombre d'écrivains coupables mis en accusation, *moitié* à peu près ont été acquittés!!!

Une mesure de justice, de bonté, de salut public, est donc devenue impérieuse.

Nous ne voulons pas la déterminer.

Un homme chez lequel les grands talens n'ont d'égal que les grandes vertus, et qui sait à la fois écrire et gouverner; un *conseiller*, ou plutôt un homme *d'État*, moins honoré de ses fonctions qu'il ne les honore, et que nous considérons comme l'une des plus grandes, et peut-être l'une des dernières espérances de la monarchie, a pris, à cet égard, une initiative qu'il ne nous appartient pas de renouveler (1).

____

(1) Sous le titre de « *Nouveau Projet de loi sur la presse,* soumis aux lumières des membres de la chambre des députés par un de leurs collègues. »

Qu'est-ce que le talent pourroit redou-
ter, après tout, d'un *conseil de censure?*
C'est une vérité d'histoire universelle, que
les difficultés, loin d'arrêter le génie, le
suscitent, en l'aiguillonnant.

« Il frapperoit de mort une population
de 5 à 600, ames, et jeteroit sur le pavé
une multitude d'ouvriers sans *ouvrage,*
et sans *pain* (1). »

« L'homme ne vit pas seulement de *pain,*
dit le Sauveur du monde, il vit aussi de toute
parole venant de Dieu. » Manquer de gagner par des moyens illégitimes, c'est prêter à usure; et ce que la justice de Dieu
ordonne au pouvoir d'ôter *aux ouvriers,*
sa Providence se charge de le rendre.

Il faut bien que la liberté absolue de la
presse ne soit pas légitime, elle n'a *jamais*
existé, et il n'y a pas jusqu'à ses adversaires
qui ne le reconnoissent avec assez de bon-
homie : « J'ai défendu, dit l'un d'eux, con-

______

(1) M. de Châteaubriand, dans les *Débats* du 4 janvier 1827.

tre tous les gouvernemens la liberté de la presse, parce que *tous les gouvernemens ont envie de la comprimer.* Il ne faut pas se laisser éblouir par les mots; dans les républiques comme dans les gouvernemens absolus, on veut abuser du pouvoir (1). »

Les ministres, dites-vous, le Roi lui-même, ont promis la liberté! — Et vous aussi, vous avez promis l'obéissance! Entre nous, de quel côté seroit le parjure?

Nous dirons un mot encore : si la censure étoit immédiatement suivie de quelques impatiences populaires, on les attribueroit bonnement à la censure : elles seroient encore l'effet de la liberté. Il faut bien distinguer les occasions des *causes*, et il ne faut pas oublier que celles-ci, arrêtées aujourd'hui dans une ordonnance, *produisent* long-temps encore dans la société.

(1) M. Benjamin Constant, à la chambre des députés, le 13 février 1827.

PRÉFACE

DE M. DE CHATEAUBRIAND.

Paris, le 7 mai 1827.

« Le *public* a bien voulu recevoir avec quelque *fa-veur* le discours que je devois prononcer à la chambre des pairs, sur la loi relative à la police de la presse.

Le *public* reçoit toujours *avec faveur,* seulement c'est avec une faveur passagère, les appels qu'on fait à ses passions.

» Les *vérités* contenues dans les trois dernières parties de ce discours sont encore applicables à notre position politique.

Nous verrons ce que c'est que ces *vérités-là.*

» J'ose me flatter que tout homme de bonne foi, après avoir lu la seconde partie de cette espèce de *traité sur la presse, ne croira plus aux crimes de la presse.*

Et nous osons aussi nous flatter, nous, que tout homme de bonne foi, après avoir lu notre réfutation de cette *espèce de traité sur la presse,* reconnoîtra les erreurs et les incohérences perpétuelles de ce *traité,* et qu'il *croira* davantage aux *crimes de la presse :* il en aura *dévoré* un de plus.

» Néanmoins je n'ai pas tout dit sur les siècles où la *presse* étoit inconnue, et sur les temps où elle étoit opprimée (1).

La *presse* a toujours eu des équivalens dans l'écriture et dans la parole : nous verrons l'importance de cette observation.

» Dans le détail de la jacquerie et des troubles sous Charles VI, *j'ai passé sous silence* bien des atrocités.

C'est ce que vous pouviez faire de mieux.

Je n'ai point fouillé les chroniques de Louis XI; j'ai parlé des crimes des catholiques à la Saint-Barthelemi et sous la Ligue; *j'aurois pu mettre en contrepoids les crimes des protestans,* qui n'étoient pas plus éclairés que leurs persécuteurs. Cinq ans avant la Saint-Barthelemi, les protestans de même précipitèrent quatre-vingts catholiques notables de cette ville dans le puits

----

(1) Dans ma *Revue* sur la liberté de la presse sous le Directoire, je ne suis pas encore allé assez loin. Avant même le 18 fructidor, l'imprimerie de Dupont (de Nemours) fut détruite *, et bientôt M. Marbé de Marbois, qui avoit donné quelques articles à la feuille publiée par Dupont, fut *déporté* ** à la Guyanne.

* L'*imprimerie* d'une sorte de royaliste a pu être détruite par un tyran, et celle d'un républicain ne pourroit pas être réduite, sous un roi, au bonheur de ne publier que la vérité!

** La *déportation* d'un écrivain royaliste, par un tyran démocrate, suppose la *puissance* de l'écrivain, et nous n'avons besoin que de prouver cette puissance pour avoir raison contre M. de Châteaubriand.

de l'archevêché. Ils renouvelèrent de semblables assassinats en 1569.

Il est singulier que l'auteur du *Génie du
christianisme* ait plutôt songé d'abord aux *crimes* des catholiques qu'à ceux des *protestans :*
mais, après tout, c'est peut-être de la charité; et
j'avouerai, pour ma part, que le crime d'un
protestant m'est bien moins odieux que celui
d'un catholique. Le premier avoit moins de raison, et surtout moins de secours pour être innocent, que le second : l'indépendance de l'esprit
de l'homme mène nécessairement à celle de ses
actions.

» On a voulu nous persuader que le suicide et l'infanticide étoient plus communs de nos jours qu'autrefois. Qu'on ouvre le journal de Pierre de *Létoile*, et
l'on y trouvera à toutes les pages le suicide même parmi
les enfans.

Quand l'histoire note les suicides, elle prouve
à la fois leur rareté et l'effroi qu'ils inspirent :
aujourd'hui, que les suicides augmentent dans
toute l'Europe d'une manière effrayante (1),

(1) Un célèbre docteur allemand, M Caspar, en a publié la statistique en 1825, et il n'y a pas jusqu'à l'un des plus célèbres partisans de la liberté de la presse, M. de Pradt, qui n'ait reconnu, dans
son avant-dernier ouvrage, que, dans l'intervalle de 1816 à 1822,

nous les enregistrons tout au plus à la Morgue.

» Quant à l'infanticide, nous citerons ce passage de Guy-Patin : « Les vicaires-généraux et les pénitenciers » se sont allés plaindre à M. le premier président que, » depuis un an (1660), 600 *femmes,* de compte fait, » *se sont confessées* d'avoir tué et étouffé leur fruit. »

Celles-là, du moins, ne sont pas tombées en récidive. On étouffoit son fruit, on l'empêche aujourd'hui de naître. Un philosophe éclairé, et, qui plus est, vertueux (1), a pensé que le dernier de ces crimes étoit peut-être, sinon le plus punissable, du moins le plus dangereux.

Remarquons que la *science* administrative étoit igno-rée dans les siècles barbares.

Nous ne savons pas encore bien au juste ce que c'est que cette *science-là;* nous savons encore ses bienfaits.

Presque personne ne savoit lire, très-*peu d'hommes savoient écrire.*

Même aujourd'hui, l'important n'est pas de *savoir écrire,* mais de savoir penser.

le suicides étoient plus nombreux encore à Paris qu'à Londres. A Na-ples, ou la liberté de l'erreur est moins grande, il n'y en a eu que sept en 1824. (Voir le *Courrier Français* du 12 juin 1825.)

(1) M. de Bonald.

Il n'y avoit point *de journaux,* point de chemins, point de communications.

Ne pouvant médire ou bien dire avec la presse, on en étoit quitte pour bien dire ou pour médire d'une autre façon.

Combien de forfaits devoient donc rester *ensevelis* dans l'oubli !

Cela nous en épargnoit du moins le scandale.

Nous *connoissons* maintenant, *heure par heure,* tous les délits qui se commettent sur la surface de la France.

La *connoissance* qui nous importe est bien moins celle des *délits* d'autrui que celle des nôtres.

Malgré cette différence de renseignemens, *nous trouvons* dans les chroniques et les mémoires, année par année, des crimes plus fréquens et d'un caractère infiniment plus horrible que ceux qui se commettent aujourd'hui.

Nous vous expliquerons, en son lieu, pourquoi.

Il y a un fait que *je n'ai pu dire,* et qui étoit l'objet de la douleur et de la consternation de tous les curés de campagne, dans les parties de l'Europe les plus ignorantes et les plus sauvages.

Vous deviez dire : car la *cause sainte* (comme

nous verrons que vous l'appelez) ne craint pas la vérité; elle ne redoute que la perfidie.

Quant à la troisième et surtout à la quatrième partie de mon discours, le retrait du projet de loi *ne lui a rien ôté*.

Pas même *l'heureuse impuissance* de n'être pas publié.

Notre mal présent vient de la *résistance d'une poignée d'hommes*

Prenez-y garde, dans cette *poignée d'hommes* figure notamment l'Église universelle.

Aux changements produits *par* les siècles.

Les *siècles* ne *produisent* pas, ils laissent les hommes, et surtout les gouvernemens *produire*.

Des calculs fournis dernièrement par M. le baron Dupin viennent à l'appui de mon assertion, et sont comme les éloquentes pièces *justificatives* de mon discours.

Si cela étoit, leur fausseté seroit prouvée.

« Hâtons-nous, dit-il, d'indiquer *les vastes chan-* » *gemens* survenus dans la population française, dans » ses mœurs, ses idées et ses intérêts depuis la fin de » l'empire. Durant treize années seulement, *douze mil-* » *lions quatre cent mille Français sont venus au monde,*

» et neuf millions sept cent mille sont descendus dans
» la tombe... Déjà près du *quart* de la population qui
» vivoit sous l'empire *n'existe plus*. Les deux tiers de la
» population actuelle *n'étoient pas* nés en 1789, à l'é-
» poque où fut convoquée l'Assemblée Constituante; les
» hommes qui comptoient alors l'âge de vingt ans *ne*
» *forment plus* aujourd'hui qu'un neuvième de la po-
» pulation totale; ils représentent les grand'pères et
» grand'mères de nos familles; enfin la totalité des
» hommes qui comptoient vingt ans lors de la mort de
» Louis XV, ne *forme plus* que la quarante - neuvième
» partie de cette population ; ils représentent les aïeuls
» et les bisaïeuls de nos familles..........

» Une révolution plus grande encore s'est opérée sur
» le continent européen.

» En Europe, depuis 1814, la *génération nouvelle*
» est fortifiée par quatre-vingts millions d'hommes
» *venus au monde,* et l'ancienne est affoiblie par soixante
» millions d'hommes *descendus dans la tombe.* Sur deux
» cent vingt millions d'individus, l'ancienne généra-
» tion n'en compte plus que vingt-trois qui *subsistent*
» *encore* ou plutôt qui *meurent* chaque jour. Quelle *mois-*
» *son terrible* de peuples et de rois! Ainsi les hommes
» qui comptoient vingt ans lors de la mort de Louis XV,
» ne *forment plus* que la quarante-neuvième partie de
» la population totale de la France; ceux qui comp-
» toient vingt ans en 1789, n'en *forment plus* que le
» neuvième, et les deux tiers de la population actuelle
» *n'étoient pas nés* au commencement de la révolu-
» tion. »

Ainsi, après avoir bien lu cette statistique et ces *vastes changemens* qu'elle annonce, nous voyons qu'ils se réduisent à des *naissances* et à des *décès*. Seroit-ce là de *l'éloquence?* seroit-ce surtout là de la philosophie? Lorsque *la France* est si naturellement impatiente, lorsqu'on fait partout des appels à ses passions, ce n'est pas de *ses forces progressives* qu'il est prudent de l'entretenir, mais bien plutôt de sa *foiblesse* et de ses devoirs devenus de plus en plus grands.

Maintenant, si vous retranchez du petit nombre d'hommes qui ont connu l'ancien régime, ceux qui ont embrassé le régime nouveau, *à combien peu se réduiront ces hommes d'autrefois, qui, toujours les yeux attachés sur le passé, le dos tourné à l'avenir, marchent à reculons vers cet avenir?*

A combien peu, etc. Quand même! La vérité seroit-elle comme la matière qui se compte, se pèse ou se mesure? Et le *petit nombre* d'hommes éclairés et vertueux seroit-il moins à considérer que le *grand nombre* de ceux qui ne le sont pas? Les premiers seroient-ils plus que les autres, ce que vous appelez avec dédain *des hommes de peu?*

P. S. M. de Châteaubriand emploie le reste

de sa *Préface* à accuser de *démence* l'ordonnance de dissolution de la garde nationale de Paris.

L'armée qui a triomphé à Cadix comme à Waterloo, et la garde royale existent; elles rivalisent de zèle et de dévouement pour la monarchie.... la *garde nationale* n'est pas dissoute. La véritable *garde* de la *nation*, c'est la *garde du Roi.*

Mais comme en général l'attaque de M. de Châteaubriand à cet égard est tout-à-fait étrangère à la question de la presse, nous n'en releverons que ce qui s'y rattache :

« Tant que l'*on*... »

Cet *on* ne pourroit cependant désigner que le *Roi.*

« Tant que l'*on* ne portera pas la main sur les chambres *et sur les libertés publiques*, il n'y aura point de mouvement dangereux en France. »

Les libertés publiques sont patientes; elles attendent la fin des générations, etc. — Mais *l'attente* d'un moment pour agir ne seroit pas de *la patience,* et les nations doivent être *patientes* éternellement.

« Ne viens-je pas, dites-vous, d'ajouter à tous mes *crimes* celui d'avoir *publié* un discours qui n'a pas été prononcé? »

La *publication* de votre discours est plus qu'un crime, car c'est une faute (1).

« Si on ne le lit pas, quel *mal* fait-il? »

Quand ce ne seroit que *le mal* qu'il vous a fait à vous-même!

« Si on le lit, on y trouve donc *autre chose* que le projet de loi retiré. »

Sans doute. Le projet pouvoit, jusqu'à un certain point, mettre un terme à nos malheurs, et votre discours tend à les prolonger.

« Toute alliance est impossible entre le bien et le mal. »

Et c'est pourquoi entre vous et moi, ou plutôt entre vos doctrines et les nôtres, il y a combat.

« On ne se réunit pas dans *l'abîme*, on s'y engloutit. »

Oui; reste à savoir quels sont de vos principes ou des nôtres ceux qui pourroient nous empêcher de tomber dans *l'abîme*.

(1) La *publication* du *discours* de M. Marcellus, elle est une vertu.

ERRATUM IMPORTANT.

A la page 112, ligne dernière, au lieu de : il est vrai que *tout* c'est pouvoir, lisez : il est vrai que c'est *pouvoir tout*.

IMPRIMERIE D'AD. LE CLERE ET C.ie,
quai des Augustins, n° 35.

LES DANGERS

D'UNE PROLONGATION

DE LA LIBERTÉ ABSOLUE

DE LA PRESSE.

Dans la lettre que j'ai adressée, le 5 janvier de cette année, à M. le rédacteur du *Journal des Débats*, sur le projet de loi relatif à la police de la presse, je disois :

« Lorsque, à la chambre des pairs, je parlerai du
» rapport moral du projet de loi, je montrerai que ce
» projet décèle une horreur profonde des lumières, de
» la raison et de la liberté; qu'il manifeste une vio-
» lente antipathie contre l'ordre de choses établi par
» la Charte : je prouverai qu'*il est en opposition directe*
» *avec les mœurs, les progrès de la civilisation, l'esprit*
» *du temps et la franchise du caractère national.*

En prouvant qu'une loi est *en opposition* avec tout cela, ne prouveriez-vous pas qu'elle est *en opposition* avec le petit nombre d'hommes et de passions secrètes qu'elle doit combattre, et que par conséquent elle est fondée? Dans les sociétés les plus irrégulières, et à plus forte raison dans les autres, le nombre des opposans est toujours très-petit, en raison de ceux qui ne

le sont pas ; mais, se montrant seuls et criant
fort, ils paroissent tout le monde.

» Qu'il respire la haine contre l'intelligence hu-
» maine ; que *toutes ses dispositions tendent à faire*
» *considérer la pensée comme un mal, comme une plaie,*
» *comme un fléau.* »

C'est que la *pensée,* qui est un bienfait
lorsqu'elle est juste, est bien aussi un *fléau*
lorsqu'elle est fausse. Plût à Dieu que le projet eût bien distingué la *pensée juste* et la *pensée fausse !* car alors il eût donné des forces à
ses amis, et il en eût ôté à ses adversaires.

*Le Roi, en augmentant sa gloire, ainsi que l'amour
et la vénération* dont les peuples environnent sa personne auguste, *vient,* par un acte éclatant de sa justice, *de nous délivrer une seconde fois.*

Si, en ordonnant à ses ministres de retirer le projet de loi de la presse, le Roi *nous
délivre,* il nous avoit donc trahis en leur ordonnant de le présenter. C'est ainsi que vous outragez une *personne auguste,* à l'instant même
que vous lui parlez de *sa gloire* et de *votre vénération.* Car enfin mettrons-nous, sans cesse
et sans rire, la fiction à la place de la vérité ?
Et, à moins de ravaler la royauté au-dessous

du ministère, ou d'élever le ministère au-dessus de la royauté, croirons-nous et ferons-nous croire qu'un Roi, qui, ainsi que Dieu, doit du haut de son trône veiller lui-même aux plus petits intérêts de ses sujets (1), laisse à d'autres le premier, et même le seul de ses devoirs, le soin de laisser libre ou de dominer à leur gré la presse, c'est-à-dire, l'instrument que tous les partis tiennent pour l'instrument le plus puissant qu'on ait jamais connu dans le monde, pour l'édifier ou pour le détruire?

La mesure salutaire qui attire tant de bénédictions sur la tête de notre monarque, *m'a mis dans l'heureuse* impossibilité *de prononcer le discours*

Et elle ne vous a pas mis dans *l'impossibilité* plus *heureuse* de le *publier!* Écrivain trop célèbre, vous ignorez encore en quoi consiste le véritable *bonheur* d'un écrivain!

Que j'avois préparé pour satisfaire à ma conscience, et pour remplir les devoirs de la patrie.

Vous écrivez en *conscience;* et quel est même le philosophe ou le révolutionnaire qui n'ait pas écrit ou agi en *conscience* aussi?

(1) Ps. LXII.

(4)

Cependant, après le retrait même du projet de loi,
on m'avoit pressé de publier ce discours : j'hésitois à
prendre ce parti, lorsque l'adoption d'une proposition
qui sembloit un corollaire de l'ancien projet, a mis fin
à mes incertitudes.

Que M. de Châteaubriand y songe devant
Dieu, et qu'il se révèle à lui-même tout ce qu'il
y a dans cet *on !*

Cette affaire d'arrière-garde, dans laquelle un ministre a combattu trois fois au premier rang, prouve
que *les agens du pouvoir n'ont pas abandonné* leur
doctrine et leurs projets sur la liberté de la presse : je
publie donc.

Les agens du pouvoir n'ont pas abandonné,
sans doute parce que le Roi n'a pas *abandonné*
lui-même : Dieu en soit loué !

Au surplus, on verra que *ce discours ne répète
qu'un très - petit nombre des argumens dont on s'est
servi.*

Vous les répétez tous, à la forme près.

Comme je réservois les objections de détails pour
la discussion des articles, il en résulte que mon discours général, *traitant des principes de la matière,*
embrasse une sphère d'idées indépendantes du sort
avenu au projet de loi.

Le *principe* ici, c'est le devoir imposé par

Dieu même au pouvoir de régler les actes matériels de la pensée de ses sujets, c'est-à-dire,
les journaux et les livres; et ce principe, vous
n'y remontez jamais.

Ce discours frappe peu sur le *cadavre* du projet,
mais beaucoup sur *son esprit tout vivant encore dans
les ennemis de la liberté de la presse*.

L'esprit d'une véritable *loi d'amour* n'est
*tout vivant dans les ennemis de la licence de
la presse*, que parce que l'esprit d'une véritable *loi de haine*, est *tout vivant* dans les
apologistes de cette licence.

J'aurois pu, à la rigueur, retrancher aujourd'hui
de mon travail ce que je dis de la multitude de nos
lois, du nombre des jugemens des tribunaux, de la
quantité des ouvrages imprimés; mais une raison majeure m'a déterminé à conserver ces *calculs*.

Ces calculs, comme nous verrons, prouvent
directement ce que leur auteur nie.

D'abord ils n'ont jamais été présentés dans leur ensemble; quelques-uns même n'avoient pas encore été
faits : ensuite il y a des *personnes timides* qui s'imaginent que le retrait du projet de loi nous laisse sans
moyens de répression, et d'autres qui se figurent que
les tribunaux n'ont pas employé ces moyens. En lisant

mon discours, si elles le lisent, elles *se pourront ras-
surer*.

Les personnes qui se *rassureroient* en lisant
votre discours, ne seroient pas plus capables de
voir le mal que le remède, et leur tranquillité
ne seroit pour elles et pour vous qu'un malheur
de plus.

Ces calculs subsisteront en outre comme le témoi-
gnage d'une respectueuse reconnoissance pour une
*magistrature qui défend avec tant de gravité les droits
du trône et les intérêts des citoyens.*

Avec tant de gravité! ajoutez : *et tant de
bonne foi* (1); et c'est précisément lorsqu'on
défend mal, et qu'on *défend avec gravité* et en
conscience *les droits du trône et les intérêts
des citoyens,* qu'on les compromet le mieux.

Dans tout ce qui concerne la partie historique de la
presse et de la liberté de la presse, dans l'examen des
rapports de cette liberté avec le christianisme en général et l'église gallicane en particulier, dans la déduc-
tion des affinités de cette même liberté avec l'état social
moderne, *mon discours touche* à des sujets que les débats législatifs sont loin d'avoir épuisés

Votre discours *touche* à tout, en effet, sans
approfondir rien.

(1) Car la *magistrature* a sans doute desavoué l'écrit d'un de ses
membres, où l'on n'a pas craint d'accuser de *démence.....*

Heureux si en éclairant quelques points restés obscurs, si en complétant les vérités sorties d'une discussion mémorable, *je pouvois contribuer à prévenir toute nouvelle tentative* contre nos institutions politiques ! *Plus heureux* si l'on trouvoit dans les faits que j'expose, de nouvelles sources de gratitude pour l'ordonnance du 17 avril, de nouvelles raisons d'admirer un monarque qui juge si bien des besoins de ses peuples, de nouveaux motifs de chérir un prince, digne en tout de l'illustre race à qui nous devons la gloire de l'ancienne monarchie et la liberté de la monarchie nouvelle !

Heureux seulement l'écrivain qui, se défiant de sa *propre* raison, croit à des raisons *supérieures*, et qui, conséquent dans la fidélité, sait oublier ses ressentimens pour ne se rappeler que ses devoirs, et ne prend jamais la plume que pour faciliter le commandement et l'obéissance !

Nobles Pairs,

Dans les *longues recherches* auxquelles je me suis livré, et dont j'ai l'honneur de soumettre aujourd'hui le résultat à la chambre, j'ai nécessairement isolé ma pensée du travail de votre commission. Je savois tout ce que l'on devoit attendre de la conscience et du talent des nobles pairs chargés de vous faire un rapport sur le projet de loi ; mais je devois raisonner dans l'hypothèse que ce projet restoit tel que vous l'avoient présenté les ministres.

La seule *longueur* d'un travail suffiroit à prouver le danger ou l'inutilité de son objet. La vérité, étant nécessaire, est facile; l'erreur n'est ni l'un ni l'autre.

En effet, Messieurs, des amendemens proposés ne sont pas des amendemens votés; et quand j'aurois eu, comme je l'ai, la conviction morale de leur adoption, cela ne dérangeroit rien au plan que je m'étois tracé. Mon discours, dans la supposition d'une suite d'amendemens capitaux, deviendroit un double plaidoyer : *plaidoyer contre l'ouvrage des ministres, partout où cet ouvrage ne seroit pas amendé;* plaidoyer pour l'ouvrage de votre commission, partout où elle auroit porté ses lumières. Ce point éclairci, j'aborde le sujet.

Ainsi donc l'ouvrage d'un ministre choisi et voulu par Louis XVIII et Charles X, ne sauroit *jamais,* selon vous, être bon *en rien!* et vous voulez toujours plaider contre! La prévention peut parler ainsi, mais pas l'équité.

Voici, Messieurs, ce que l'on trouve dans *l'ouvrage posthume du* 14ᵉ *siècle :*

Avez-vous donc *prouvé* que les siècles passés fussent si déplorables, pour faire un crime à une loi d'en être l'ouvrage?

Censure avant publication, et jugement après publication, comme s'il n'y avoit pas eu censure ; rétroac-
tivité, annulation ou violation de contrats ; atteinte au
droit commun ; proscription de la presse non périodique ; accaparement ou destruction de la presse périodique ; voies ouvertes à la fraude, amorces offertes à la
cupidité, invitation aux trahisons particulières, appel
et encouragement à la chicane, intervention de l'arbitraire, haine des lumières, antipathie des libertés publiques, embrouillemens, entortillemens, ténèbres.

Mais, chose déplorable ! Messieurs, plus vous dé-
montrez à certains esprits que cet instrument de mort
pour l'intelligence humaine, détruit non-seulement la
liberté de la presse, mais la presse elle-même, plus
vous les persuadez de l'excellence de l'ouvrage.

« Comment ! vous nous dites que tout périra, livres,
» brochures, journaux ? A merveille ! nous ne croyions
» pas le projet si bon ! vos objections nous démontrent
» ce qu'il a d'admirable. »

Suit un débordement d'injures contre les lettres et
surtout contre les gens de lettres, contre les folliculaires, les pamphlétaires, les chiffonniers et les acadé-
miciens.

Vous ne faites ici que dresser vos accusations ; je vous attendrai à vos preuves.

C'est être en vérité fort libéral de mépris. Il faut
en avoir beaucoup recueilli, pour en avoir tant à donner. Ces enfans prodigues feroient mieux d'être plus
économes de leur bien.

Vous supposez à vos adversaires *des mépris* pour les lumières véritables et pour le vrai mérite; il falloit commencer par les en convaincre : il est facile, mais il n'est pas honorable de créer des sujets de reproches à ses adversaires.

Hélas ! Messieurs, *ces diatribes contre la presse n'ont pas même le mérite de la nouveauté : renouvelées des temps révolutionnaires,* elles auroient dû rester dans l'oubli.

Et les *diatribes* contre les gouvernemens qui veulent prévenir les abus de la presse, ont-elles donc davantage le *mérite de la nouveauté*; si tant est que la *nouveauté* soit *un mérite?* Sont-elles surtout moins *renouvelées des temps révolutionnaires ?*

Il est triste sous la légitimité de s'approprier un pareil langage, surtout lorsqu'il se peut appliquer à ces mêmes publicistes justement soupçonnés sous le Directoire de travailler au rétablissement de la royauté, et *qui continuent d'écrire pour elle.*

Alors les ennemis de *la royauté écrivent aussi pour elle;* car ils vous exaltent, et ils écrivent d'ailleurs comme vous.

Quelques personnes trouvent un motif de sécurité

dans l'excès même du mal : « Le projet de loi est si
» vicieux, disent-elles, qu'on ne pourra l'exécuter. »
Ne nous fions, Messieurs, ni à l'espérance du mal, ni
à l'impuissance de l'incapacité : elles nous tromperoient
toutes deux. Maintes fois les gouvernemens ont laissé
périr les bonnes lois, et ont fait un long usage des
mauvaises. C'est cette même foiblesse des hommes qui
les asservit souvent à une tyrannie vulgaire, et qui les
porte à briser une autorité éclatante : les parlementaires
souffrirent Buckingham et tuèrent Strafford : *on pardonne à la puissance, rarement au génie.*

On ne *pardonne* à la puissance que lorsqu'elle est juste, et la justice est quelquefois
sévère. Quant au *génie*, on lui *pardonne* toujours : il suffit qu'il soit constaté.

La meilleure manière de vous occuper du projet de
loi, ce n'est pas, selon moi, de vous en énumérer à présent les vices particuliers (ils se présenteront assez d'eux-
mêmes dans la discussion des articles); il me paroît
plus utile de vous faire remarquer d'où le projet est
sorti, ce qu'il veut dire, *quelle lumière il jette à la fois
sur le passé et sur l'avenir.*

*Oui, nobles pairs, le projet de loi est un phare élevé
aux limites d'un monde qui finit et d'un monde qui
commence; il vous éclaire* sur la plus importante des
vérités politiques, il vous indique le point juste où la
société est parvenue, et conséquemment il vous apprend
ce que demande cette société; *d'un côté, il vous montre*

*des ruines irréparables, de l'autre un nouvel univers
qui se dégage peu à peu du chaos d'une révolution.*

Comment voulez-vous ici que je vous réfute?
je ne saurois vous comprendre.

Permettez-moi de *développer* mes idées.

Vous écrivez *vos idées,* mais vous ne *les dé-
veloppez* jamais.

La matière est grave, le *sujet immense.*

Les grands sujets ne sont *immenses* que lors
qu'on ne les voit pas, ou qu'on les voit mal.

Si je mets votre patience à l'épreuve, vous me le
voudrez bien pardonner, en songeant que j'abuse rarement de votre temps à cette tribune. J'y parois aujour-
d'hui appelé par des *devoirs sacrés.*

Et nous aussi, simple particulier, nous
croyons *remplir des devoirs* d'autant plus *sacrés,* que les plus grands dignitaires nous paroissent les violer.

Devoirs que je n'hésiterai jamais à remplir, mais
dont le temps commence néanmoins à me faire sentir
le poids : les *vétérans souffrent quelquefois de leurs
vieilles blessures.*

On ne *souffre* jamais *des blessures* qu'on a re-
çues au champ du véritable honneur, on en jouit.

(13)

En *sortant du chemin battu,* en plaçant la question où je la placerai, surtout dans la dernière partie de ce discours, j'ai plus compté sur la haute intelligence de cette assemblée que sur mes propres forces.

Nous verrons que vous êtes resté dans le *chemin battu.*

Voici, Messieurs, les *quatre vérités* que je vais essayer de démontrer.

Vos quatre vérités, à nos yeux, ainsi qu'à beaucoup d'autres yeux, sont quatre erreurs. Il est donc vrai que le 19° siècle en est venu à méconnoître le caractère même du bien et du mal : le 14° siècle, que vous méprisiez tout à l'heure, n'en étoit pas là.

1° La loi n'est pas nécessaire, parce que nous avons *surabondance de lois répressives* des abus de la presse.

C'étoit *permissives* qu'il falloit dire.

Les *tribunaux ont fait leur devoir.*

Les tribunaux ont fait ce *qu'ils ont cru* leur devoir, et l'histoire des révolutions a appris assez que les bonnes intentions ne les empêchent pas, et même les font.

2° Les crimes et les délits que l'on impute à l'usage de la presse et à la liberté de la presse, *n'ont point été commis par la presse,* et sous le régime de la liberté de la presse.

Vous ne voyez pas la relation si évidente qui existe entre l'esprit d'un homme, sa parole, son écriture, *la presse* qu'il fait gémir d'une part; et de l'autre, la volonté, les actions, *les crimes* de celui qui le lit ou l'écoute : seroit-ce à dire que cette relation n'existe pas? Auriez-vous par hasard écrit et laissé tirer d'abord à 6,000, puis à 5,000, etc., exemplaires le Discours que je réfute, sans reconnoître, sans proclamer cette grande *relation?*

3° La *religion n'est point intéressée* au projet de loi ; elle n'y trouve aucun secours : l'esprit du christianisme et le caractère de l'église gallicane sont en opposition directe avec l'esprit du projet de loi.

La *religion n'est point intéressée* à une loi de la presse! c'est sans doute la *religion* telle que vous en avez fait le *Génie;* car, pour la *religion de l'État,* du Roi très-chrétien, du clergé, de l'Église universelle, elle y est assez intéressée. C'est à elle apparemment plutôt qu'à vous à le savoir; or interrogez-la !

4° La loi n'est *point de ce siècle;* elle n'est point applicable à l'état actuel de la société.

Il suffit qu'elle soit *contre le siècle :* elle finira par être *de lui.*

J'entre dans l'examen de la première question.

Nous avons, Messieurs, depuis la restauration, six ordonnances et quinze lois et fragmens de lois concernant la librairie, la presse périodique et la presse non périodique.

A ces lois viennent se réunir l'arrêt du conseil d'État sur la librairie, du 28 février 1723, le décret de l'assemblée nationale du 27 août 1789, celui du 17 mars 1791, le décret de la convention du 19 juillet 1793, la loi du 25 décembre 1796, les décrets du 22 mars 1805, du 28 mars 1805, du 5 juin 1806, du 5 février 1810, du 14 octobre 1811, enfin une partie du livre III du Code pénal; tous arrêts, lois et décrets dont divers articles sont encore en vigueur.

Le *maximum* des amendes pour les délits et les crimes de la presse non périodique, est, dans le cas le plus grave, de 10,000 fr., et dans le cas le moins grave, de 500 fr.

Le *maximum* de la prison pour les mêmes délits et crimes de la presse non périodique est de cinq ans pour le cas le plus grave, et d'un an pour le cas le moins grave.

La récidive entraîne l'application des art. 56, 57 et 58 du Code pénal, c'est-à-dire qu'il peut y avoir carcan, travaux forcés, et *mort;* que la peine peut être élevée au double, savoir : dix ans d'emprisonnement, suivis de cinq à dix années sous la surveillance de la police.

Le *maximum* de la prison et des amendes pour les délits et les crimes de la presse périodique, est le même que pour les délits et les crimes de la presse non périodique, mais les amendes peuvent être élevées au double, et, en cas de récidive, au quadruple (40,000 fr. d'amende, *vingt ans de prison*), sans préjudice des peines de la récidive prononcées par le Code pénal.

Si un libraire a été convaincu de contravention aux lois et règlemens, il est loisible de lui retirer son brevet, c'est-à-dire que l'administration peut intervenir dans les jugemens des tribunaux, qu'elle peut, autorité suprême, altérer l'arrêt de ces tribunaux, non comme la couronne en faisant grâce, mais en aggravant la peine.

La contravention d'un libraire n'aura pas paru aux magistrats mériter une amende au-dessus de quelques centaines de francs, et l'administration ajoutera à cette amende la suppression du brevet; ce qui n'est rien moins que la *ruine d'une famille* entière. Je ne dirai pas, pour achever de caractériser ces rigueurs, qu'elles ont lieu malgré plusieurs arrêts des cours, qui ont déclaré que la loi de 1791 conservoit sa force, et que la librairie n'étoit pas plus assujétie à exister par brevet que toute autre profession.

Les 40,000 fr. d'amende, la *ruine d'une famille*, les *vingt ans de prison*, la *mort* (que vous avez demandée vous-même le premier dans la *Monarchie selon la Charte*), voilà les lois de *haine*, les *lois vandales*, qui ne furent et ne seront jamais appliquées. Ou plutôt ce sont là des *lois d'amour* pour les délits de la presse : comment osez-vous donner cela pour des lois répressives ?

Les journaux politiques sont obligés de fournir un cautionnement de 200,000 fr., sans préjudice de la solidarité des propriétaires ou actionnaires.

Un journal peut être *suspendu* par une première et par une seconde condamnation en tendance ; après une troisième condamnation, il peut être *supprimé*.

On sait encore à quoi aboutissent, entre les mains d'une justice incompétente, le *cautionnement des* 200,000 fr., la *solidarité*..... des éditeurs responsables, le droit de *suspension* et de *suppression* du *Courrier* et du *Constitutionnel !*.... à des célébrités, et par conséquent à des abonnés de plus.

Les chambres, pendant les sessions, sont investies du *pouvoir* de se faire elles-mêmes justice de la presse périodique.

L'une d'elles en a usé *une fois,* et elle a ouï l'avocat de celui qu'elle accusoit, le défendre, et par conséquent renouveler légalement, impunément, et même honorablement peut-être le délit.

Dans l'intervalle des sessions, le ministère est *maître* d'établir la censure.

Il auroit voulu vous l'épargner : ce n'est pas à vous qu'il sied de lui en faire un crime.

Enfin, la liberté de la presse périodique n'existe que par privilège, tout en faveur des ministres, puisqu'*aucun nouveau journal* ne sauroit s'établir sans une autorisation du gouvernement.

Un seul d'entre quatre journaux que vous pouvez nommer, car ils vous célèbrent de concert chaque jour, suffiroit, grâce à vous, à produire une révolution pire que l'autre, dont vous seriez vous-même une des plus éclatantes victimes, et il la produiroit plus aisément seul que cent journaux réunis.

Etes-vous satisfaits, Messieurs, et trouvez-vous que nous manquions de lois répressives? J'ai négligé de mentionner, parmi toutes ces peines, celle que le chef de la magistrature a rappelée, et que prononce l'article 21 du Code pénal. Il y a, dans cette chambre, plusieurs nobles pairs qui ont *le malheur d'aimer les lettres, et le plus grand malheur de faire jouir quelquefois le public du fruit de leurs veilles.*

C'est bien un *malheur d'aimer les lettres,* lorsqu'elles font un appel aux passions, et un plus grand malheur de *faire jouir le public du fruit de veilles* séditieuses.

Si jamais ils tomboient dans quelques-unes de ces

erreurs où nous entraîne la fragilité humaine; si l'on trouvoit que leur dignité ne les place pas dans ce cas en dehors des tribunaux communs, je sollicite d'avance, pour eux et pour moi, l'indulgence de l'administration. Je désirerois que mon *compagnon de chaînes* fût au moins exempt de maladies contagieuses, et je suis bien vieux pour apprendre *un métier*.

Préjugés à part, croyez-vous que le misérable couvert d'ulcères, qui a ravi quelques écus à son semblable, pour les panser peut-être, fasse plus de mal à la société, et mérite plus *ses chaînes*, par exemple, que l'illustre écrivain et le noble pair faisant *un double plaidoyer* pour la liberté de la presse qui attaque l'ordre social jusque dans ses fondemens, et qu'il soit jugé plus sévèrement au tribunal du Dieu vivant?

Ici se présente l'*imprudente* accusation hasardée contre les tribunaux.

L'accusation timide des tribunaux fut seule *imprudente*; leur *choix* le fut bien davantage.

Ici se découvre la cause de cet *esprit rancunier* contre ces mêmes tribunaux, lequel domine dans le texte du nouveau projet de loi; projet qui tend à transporter à la police tout ce qu'il peut ôter à la justice.

L'esprit rancunier est-il plus illégal dans le ministère qui a donné l'institution au juge, que dans le juge qui l'a sollicitée comme une grâce du ministère?

Il y a des lois, dit-on, mais les tribunaux ne font point, ı ı font très-peu usage de ces lois.

D'abord, quand vous entasseriez sans fin peines sur peines, est-il un moyen d'obliger le *magistrat* à appliquer ces peines, lorsque l'écrivain ne lui semblera pas coupable de ce dont il est accusé? *A quoi donc vous servira la nouvelle loi?*

Quand elle n'eût servi qu'à montrer de plus fort l'insuffisance du magistrat, ou la sienne!... Elle a montré de plus dans les chambres ou hors d'elles la force, ou, si vous voulez, la faiblesse de ses adversaires.

Une réponse plus tranchante, et plus nette encore, peut être faite à l'accusation.

Les calculs que je vais mettre sous vos yeux ont été recueillis non sans quelques difficultés. Les sources de ces calculs, qui devroient être accessibles à tout le monde, ne le sont pas toujours; les jugemens des tribunaux qui pourroient être publiés aussitôt qu'ils sont rendus, ne paroissent quelquefois dans *le Moniteur* qu'assez long-temps après leur date. La presse a surtout été malheureuse sous ce rapport, et il est arrivé que ce qu'on aimeroit le mieux à connoître est le plus difficile à trouver. Néanmoins, je crois pouvoir dire que, si quelque erreur s'est glissée dans mes calculs, elle est peu considérable, et qu'elle n'altère en rien le fond de la vérité, résultat de ces calculs.

J'ai renfermé mes recherches dans les arrêts rendus par la Cour royale de Paris, dans l'espace de cinq années. Si l'on étoit curieux de connoître les jugemens en première instance, un document irrécusable en fourniroit le total approximatif.

M. le garde des sceaux a publié le compte général de la justice criminelle pour l'année 1825. On y remarque *deux* accusations pour délits littéraires dans les départemens, et *vingt-cinq* devant le tiibunal de police correctionnelle de la Seine. Si l'on en suppose un nombre égal chaque année depuis le commencement de l'année 1822, époque du rétablissement de la liberté de la presse, jusqu'à l'année 1827, vingt-sept actions en police correctionnelle, multipliées par cinq années, nous donneroient 135 *actions*. Vous allez voir que je trouve 83 procès portés devant la Cour royale de Paris; il y auroit donc 135 causes de plus pour les tribunaux correctionnels de toute la France, à ajouter aux 83 causes jugées par la Cour royale de Paris.

Mais, dans ce cas, ma concession est infiniment trop large, puisque j'admettrois qu'il n'y a pas eu un seul appel à des juridictions supérieures, ce qui est tout l'opposé de la vérité; compter à la fois les jugemens en première instance et les jugemens aux cours royales, c'est compter presque double. Il est singulier qu'on ait eu le temps de nous donner en 1827 pour l'année 1825 les jugemens du tiibunal correctionnel de la Seine, et qu'on n'ait pas eu le temps de nous donner les jugemens de la Cour royale de Paris dans la même année 1825.

Qu'importe? nous saurons tout cela en temps utile, après le vote du projet de loi.

Je dis donc, Messieurs, que depuis le 27 avril 1822 jusqu'au 6 mars 1827, 83 causes pour délits de la presse ont été portées devant la Cour royale de Paris. Sur ces quatre-vingt-trois causes, on trouve trois causes non jugées, onze acquittemens et soixante-neuf condamnations.

, Peut-on soutenir que *sur quatre-vingts causes jugées, lorsqu'il y a eu soixante-neuf condamnations,* et seulement *onze acquittemens,* peut-on soutenir que les tribunaux n'ont pas fait usage des lois, qu'ils ont manqué d'une salutaire sévérité?

Onze acquittemens...... Ajoutons à cela les millions de journaux, de livres, de brochures, etc. qu'on a oubliés, ou plutôt qu'on s'est trouvé dans l'impuissance de traduire à la police correctionnelle, et qui n'en sont que mieux acquittés.

Répondra-t-on que les peines prononcées ont été *trop légères?*

Elles sont iniques; car ceux qui les ont encourues ne les méritoient pas plus, ou les méritoient moins que les milliers d'autres qu'on a laissés tranquilles.

Mais voulez-vous donc substituer votre conscience à celle du juge? Voulez-vous qu'il voie absolument comme vous, qu'il pèse les délits au même poids que vous; ou que, ne trouvant pas ces délits aussi graves qu'ils vous le paroissent, il n'en applique pas moins des châtimens disproportionnés, selon lui, à l'offense? Est-ce comme cela que vous entendez la justice? D'ailleurs, Messieurs, il y a ici nouvelle erreur.

Dans l'énumération des peines prononcées par la Cour royale, en ne s'arrêtant qu'aux condamnations qui stipulent plus d'un mois d'emprisonnement, je note *une* condamnation à quarante jours de prison, *onze* à trois mois, *une* à quatre mois, *sept* à six mois, *trois* à neuf mois, *deux* à treize mois, et *une* à dix-huit mois.

Quant aux amendes, en négligeant celles au-dessous de 500 francs, j'en compte *quatorze* à 500 francs, *sept* à 1000 fr., *cinq* à 2000 fr., et *deux* à 3000 francs.

Il faut remarquer que l'amende est presque toujours unie à l'incarcération, de sorte que le châtiment est double. On n'est donc pas plus fondé à soutenir que les peines prononcées ont été trop légères, qu'on ne l'étoit à dire que les condamnations n'avoient pas été assez fréquentes. Il ne faut pas croire qu'une détention de trois mois à dix-huit mois, qu'une amende de 500 fr. à 3000 fr. ne soient pas des répressions très-graves en France. En Angleterre, on a l'habitude des longues réclusions pour dettes, et les fortunes permettent de supporter de gros prélèvemens pécuniaires : 500 fr. sont plus pesans pour telle fortune française, que 1000 livres sterling pour telle fortune anglaise. La mobilité et l'indépendance de notre caractère, jointes au souvenir des temps révolutionnaires, nous rendent·

la prison odieuse. *Nos magistrats, dans la pondération de leurs sentences, ont donc montré une connoissance profonde de nos mœurs.*

Les magistrats du siècle de la philosophie, et ceux même du siècle de la révolution (c'étoient les mêmes, grand Dieu !) croyoient aussi *pondérer leurs sentences* et *connoître les mœurs.*

Ainsi, Messieurs, *disparoissent* devant des calculs positifs, les accusations vagues des ennemis de la presse. Les peines portées par les lois anciennes sont considérables, et les magistrats ont accompli leur devoir. Nous verrons plus loin la nature des délits compris dans ces causes littéraires portées dans l'espace de cinq années devant la Cour royale de Paris, causes qui n'ont produit tant de condamnations.

Loin de *disparoître*, les *accusations des ennemis de la presse* coupable n'ont fait que s'aggraver par vos *calculs.*

A ceux qui désireroient des arrêts encore plus sévères, je dirai qu'il y a moyen d'obtenir ces jugemens: c'est de mettre les magistrats *à l'aise*, en rendant la liberté complète à la presse.

Il y avoit pourtant lieu de croire que les magistrats étoient assez à *l'aise*.

Si un nouveau journal n'avoit pas besoin d'autorisation pour paroître; s'il étoit tenu seulement à remplir les conditions très-onéreuses de son existence, il

est certain que les juges se pourroient montrer plus ri-
goureux. Mais quand ils voient l'opinion réduite à
n'avoir pour organe à Paris *que cinq ou six feuilles* indépendantes dont l'existence est sans cesse menacée,
ils craignent d'aller au-delà du but.

C'est pourtant une vérité fondée sur l'expérience, que les journaux, bons ou mauvais,
ont d'autant plus d'action qu'ils sont moins nombreux. Si le *Constitutionnel,* par exemple, finis-
soit par se trouver seul, ce ne seroit qu'en at-
tirant à lui tous les autres, c'est-à-dire, leurs
abonnés et même leurs rédacteurs.

Placés entre la loi civile et la loi politique, si d'un
côté leur sentence peut atteindre un délit particulier,
de l'autre elle peut tuer une liberté publique : entre
deux dangers, on choisit le moindre.

Comme si la *liberté publique* n'étoit pas ici
un faux nom donné au *délit particulier!* et
alors ce n'est pas *deux dangers* qu'il y a, mais
un, qu'on choisit.

Voyez, Messieurs, s'il vous convient d'ajouter à tant
de lois une loi qui consommeroit la ruine de la presse
non périodique, une loi dont la tendance secrète est
d'amener les auteurs, les imprimeurs et les libraires,
par *corruption ou terreur*, à ne plus rien publier.

Aimez-vous mieux qu'on publie *tout* par
espérance? mais l'espérance, lorsqu'elle s'ap-

plique à la fausse gloire ou à la cupidité, n'est-elle pas aussi une *corruption?*

Quant à la presse périodique, elle est évidemment l'objet principal de l'animadversion du projet de loi. Il est impossible qu'au moyen des conditions mises à la propriété, le pouvoir administratif n'arrive pas à s'emparer du peu de journaux qui restent libres. Il s'en emparera, soit en intervenant comme acheteur aux enchères consenties ou forcées, soit en produisant, à l'aide de mille chicanes cachées dans le projet de loi, la dissolution des sociétés de propriétaires. Et alors, comme on ne peut établir un nouveau journal sans une autorisation, il est évident que l'administration obtiendra le *monopole* complet de la presse périodique.

Elle a bien le *monopole* du commandement, des lois, de l'impôt, de la conscription. Elle peut demander la propriété, la liberté, la vie : et il lui seroit interdit de régler la parole solennelle, l'imprimerie universelle, c'est-à-dire, l'*instruction* ou la destruction *publique?*

La censure, Messieurs, est infiniment moins dangereuse que ce système-là. La censure est une mesure odieuse, mais transitoire, une mesure qui, par son nom même, annonce *l'état de servitude dans lequel est plongée l'opinion :* le bruit de la chaîne avertit de la présence de l'esclave.

Vous avez beau dire, *l'opinion* publique doit être, et sera toujours (il n'y a pas de milieu) en *état de servitude* ou en état de domination. Les peuples règnent du moment qu'ils n'obéissent pas, comme les rois ne descendent du trône que pour aller à l'échafaud.

Mais où trouver le remède, lorsque le pouvoir deviendra à perpétuité possesseur légal des feuilles périodiques; lorsqu'on pourra s'écrier que la presse est libre, au moment même où elle ne sera plus que la vassale d'un ministère? Se représente-t-on bien, ou la *France muette*, privée des organes libres qui lui restent, ou *la police* écrivant, sous différens noms, dans *les Débats* et *la Quotidienne*, dans *le Constitutionnel* et *le Courrier*, dans le *Journal du commerce* et dans *la France chrétienne, politique et littéraire ?*

Ce que vous nommez la *France muette*, c'est quelques écrivains rappelés, pour leur propre bonheur, à la vérité par le silence; et ce que vous appelez *police*, c'est le gouvernement d'un roi de France.

Que les amis du ministère actuel y songent sérieusement. Les ministres ne sont pas inamovibles : cette chambre hospitalière doit être particulièrement convaincue de cette vérité. Aujourd'hui vous seriez charmés que la presse périodique fût entre les mains de quelques hommes favorables à vos opinions; demain, à l'arrivée d'un ministère dans d'autres principes, tels d'entre vous éprouveroient d'amers regrets d'avoir remis à l'autorité le *monopole de la pensée.* Portons notre vue plus haut : ne peut-il pas se rencontrer dans l'avenir un ministère coupable, *un ministère conspirateur* contre le souverain légitime? Eh bien! en lui livrant d'avance tous les journaux, vous lui donneriez le moyen le plus actif de corrompre l'opinion, le moyen le plus prompt de se créer sur toute la surface de la France des adhérens et des complices. Vous seriez *vous-mêmes complices* d'avance des crimes qui pourroient être commis, *des révolutions qui pourroient survenir.*

De droit, l'autorité bonne ou mauvaise a, et elle a toujours *exercé* aussi le *monopole* de la pensée publique ou de l'imprimerie. Lorsque l'autorité est bonne, nous pouvons souffrir le monopole sans danger; si elle est mauvaise, à moins de nous insurger, il nous faut bien le souffrir aussi. Si *le ministre conspire contre le souverain légitime,* c'est l'affaire du souverain légitime tout seul, puisque tout seul il a choisi le ministère, et nous, ses sujets, nous ne serons pas plus *complices* de sa faute que *des révolutions qui pourroient survenir.*

Dans ce sens, Messieurs, la loi qu'on vous propose est une *loi véritablement conspiratrice.*

Elle devoit l'être... contre les complots de la presse.

Voilà pourtant où l'on se précipite, lorsqu'on n'écoute que l'irritation de l'amour-propre : *il est difficile que l'équité et la prudence se rencontrent avec la colère*.

C'est vrai.

Si l'on répliquoit que le projet de loi a été fait pour les circonstances actuelles, que si ce projet devient loi, un jour on pourra rapporter cette loi ; je dirois que je *ne vois rien dans les circonstances* qui réclame cette mesure, qu'après treize années de restauration on n'est plus admis à plaider le provisoire, et qu'enfin il n'y a jamais lieu à faire, même provisoirement, une mauvaise loi.

D'autres voient, la chambre des députés a vu, les conseils du Roi et les ministres voient, le clergé voit, tous les hommes vraiment éclairés et vertueux voient : seul

Aurez-vous donc toujours des yeux pour ne point voir

Mais n'allons pas nous laisser leurrer au provisoire *ne croyons pas naïvement que des ministres* QUELCONQUES successeurs des présens ministres, trouvant une loi qui les rendroit seigneurs suzerains des journaux, *fussent très-empressés de nous débarrasser de cette loi ;* ne croyons pas qu'ils eussent fort à cœur de rendre la liberté à la presse périodique, pour se procurer la satisfaction de voir censurer leurs actes, et d'entendre la voix rude de la critique succéder à l'hymne sans fin de leurs bureaux. Ils n'auroient pas fait la loi, ils n'en auroient pas la honte : ils en auroient le profit. Par dévoûment aux ministres présens, ne prostituons pas aux ministres futurs la première des libertés constitutionnelles.

Il paroît, à toute cette période-ci, que M. de Châteaubriand a perdu l'espérance de se revoir ministre. Vous ne croyez pas que des ministres *quelconques* (fussent-ils les adversaires du projet) fussent *empressés de nous débarrasser d'une loi de* censure ! Il y a ici vérité, et même naïveté.

Les agens de l'autorité suprême, qui pourroient un jour nous ôter les chaînes que nous aurions nous-mêmes forgées, seroient des anges ; or, *on ne voit plus guère ici-bas que des hommes.*

C'est vrai, mais vous n'auriez pas dit autrement du 14ᵉ siècle que vous ravalez si fort dans tout votre discours.

S'il seroit plus beau d'attendre son salut de la vertu, il est plus sûr de le placer dans la loi. Nous sommes avertis du péril; l'écueil est connu ; rien de plus facile que de l'éviter : pourquoi donc accomplir volontairement le naufrage dans l'espoir de nous sauver sur un débri?

Ce n'est pas même un débri que vous nous proposez pour salut, vous, c'est le *naufrage.*

Et quand vient-on nous demander un pareil sacrifice? Quand la loi sur la responsabilité des ministres n'est pas faite! Les ministres échappent aujourd'hui à toute responsabilité; *il n'existe aucun moyen de les atteindre*, excepté pour les faits grossiers de concussion et de trahison; ils peuvent à leur gré refuser toute espèce de renseignement aux pairs et aux députés, se débarrasser des amendemens faits par les chambres, en les inscrivant en dehors des projets de loi.

C'est qu'en effet, quoi qu'on en pense, on ne saura jamais *atteindre les ministres*, qu'on n'atteigne aussi les rois.

Ils peuvent fausser nos institutions, ensevelir dans leurs bureaux *les pétitions de la France*, et il faudroit leur livrer la liberté de la presse!

Dites *les pétitions* de quelques centaines d'individus, sur trente millions de Français.

Seule garantie qui nous reste, seul supplément moral à la loi sur la responsabilité des ministres!

Garantie! Elle est donc bien puissante, la liberté de la presse. Avec cet aveu vous justifiez d'avance toutes les mesures que le gouvernement du Roi pourra prendre contre elle, et vous réfutez toutes les apologies que vous en avez faites.

Quelque malheur inoui, soudain, imprévu, exige-t-il qu'on immole immédiatement cette liberté à la sûreté publique? Non, Messieurs, la *France est souffrante* (1), *mais paisible;* elle attendoit avec patience l'amélioration de son sort.

La preuve que la France n'est pas *paisible,* c'est qu'elle est *souffrante.*

Pour un impôt d'un milliard ponctuellement payé, *la France* se contentoit du droit de faire entendre quelques plaintes; plaintes que d'ailleurs les ministres n'écoutoient pas, et qu'elle n'avoit pas même la prétention de leur faire écouter : et voici qu'on veut punir jusqu'à ses inutiles paroles?

La France ne se plaint jamais; seulement, pour être mieux écouté, on se plaint en nom collectif.

Voici que du sein de la plus *profonde paix* sort une loi de discorde et de destruction, une loi qui ressemble à ces lois nommées d'urgence dans nos temps de calamités, alors que les passions prenoient le prétexte des périls pour créer des malheurs.

La *profonde* paix qui règne en France, et même en Europe, c'est la *paix* inséparable de la méditation des complots que la liberté de la presse a dès long-temps préparés.

(1) L'ordonnance royale vient de guérir une de ses principales plaies. — Oui, car on se procure par elle le moyen de *guérir* mieux la *plaie* unique.

Ce qu'il y avoit à faire, nobles pairs, c'étoit *de refondre dans une seule loi toutes nos lois relatives à la presse, d'établir dans cette loi unique la liberté pleine et entière,* conformément à l'esprit et à la *lettre de la Charte :* plus de brevet obligé pour le libraire; plus d'autorisation nécessaire pour établir un journal, plus de poursuites en tendance, plus de censure facultative, plus de responsabilité générale de l'imprimeur, plus de gêne pour la propriété littéraire. Cette *large base posée, élevez votre édifice : punissez avec la dernière sévérité les abus, les délits et les crimes* qui pourroient être commis par *la presse.*

Vous demandez à la fois, comme pouvant se concilier, *la loi* qui naturellement prohibe, et *la liberté* qui naturellement permet : pouvez-vous porter à ce point l'oubli de la raison ? Il est vrai que vous ajoutez : *punissez avec la dernière sévérité,* c'est-à-dire, de la mort, les crimes de la presse; mais vous oubliez de donner un juge.

Je ne reculerai devant aucune des conditions et des menaces de cette loi; je *suis prêt à voter* tout ce qui mettra à l'abri la légitimité et la monarchie, la religion et la morale, tout ce qui s'accordera d'une part avec la liberté, de l'autre avec la justice.

Vous êtes prêt à voter tout... Et sans doute; car vous êtes de ces hommes qui, après avoir

jeté le genre humain à l'eau avec vos principes, le repêcheriez à la ligne.

L'immanis lex, que j'ai demandée avec la liberté
complète de la presse, *je la demande encore ; car je ne
suis pas de ceux qui abandonneroient sans crainte la société sans défense à la licence des passions.* Mais, si
j'admets une loi forte pour les délits et les crimes sus-
ceptibles d'être commis par la voie de la presse, je ne
veux pas une loi inique, iniqua lex, injusta lex.

Et qui veut une *loi inique?*

Je repousse une loi qui détruit la liberté, en affectant
de frapper le violateur de cette liberté; une loi bien
moins dirigée contre l'écrivain coupable que *contre
les moyens* dont il s'est servi pour le devenir; une loi
qui ne cherche dans le délinquant que l'objet pour lequel il a délinqué; une loi qui poursuit, non le crime,
mais ce qui donne matière au crime, c'est-à-dire,
l'innocence elle-même, victime de l'attentat commis
sur elle.

Vous imaginez encore ici une chimère pour
vous donner l'avantage de la combattre.

Je n'insiste pas davantage pour vous prouver, Messieurs, ce fait avéré, que nous avons suffisance de lois
répressives des abus de la liberté de la presse, et que
*les tribunaux ont fait un équitable et sévère usage de
ces lois.*

L'immense majorité des délinquans de la presse le disent aussi comme vous : si j'étois membre de ces *tribunaux*-là, il y auroit là de quoi m'effrayer.

Loin de manquer, ces lois, elles surabondent : par elles, il y a possibilité de ruine des écrivains, et longues années de prison ; l'arbitraire, venant joindre sa tyrannie à la puissance du juge, peut à son gré imposer la censure, refuser l'autorisation pour établir un journal, et retirer à un libraire le brevet qui le fait vivre. Voilà l'inventaire de nos armes contre la liberté de penser et d'écrire : *l'arsenal est assez plein.*

Celui *des armes* pour la liberté *est* bien *assez rempli* aussi.

Je passe à la seconde question que je propose d'examiner:

Les crimes et les délits que l'on impute à l'usage et à la liberté de la presse, ont-ils été commis par la presse, et sous le régime de la liberté de la presse?

Tout retentit de déclamations contre la presse : la presse a produit tous les forfaits de la révolution ; la presse a causé tous les malheurs de la monarchie; la presse a gangréné les esprits, corrompu les mœurs, ruiné la religion. Si on la laissoit faire, elle nous replongeroit dans le chaos dont nous sommes à peine sortis. Avant la liberté de la presse, tout étoit paisible et heureux en France; on n'entendoit presque jamais parler d'un crime ; les autels étoient respectés ; les familles présentoient le spectacle touchant de la fidélité conjugale ; l'enfance, protégée par une éducation chrétienne, conservoit toute sa pureté.

Tout retentit de déclamations contre la presse! Tout retentit bien un peu aussi *de déclamations* dans un autre sens.

Enfin, Messieurs, *voulez-vous connoître les maux qui vous travaillent? lisez ces monitoires* avant-coureurs du projet de loi sur lequel vous délibérez.

Les *monitoires,* vous l'entendez, ce sont les mandemens des évêques et les bulles du souverain pontife, c'est-à-dire, apparemment du chef de ce *christianisme,* dont vous croyez pourtant avoir tracé *les bienfaits.* Cette Église catholique, qui est appelée à ne changer jamais, lorsque tout doit changer autour d'elle, a donc bien changé depuis 1802 (*), ou vous avez donc bien changé vous-même? Mais vous aurez beau le dire avec ironie, il faudra bien le dire avec vérité : *Voulez-vous connoître les maux qui vous travaillent? lisez les monitoires des évêques* et les *bulles* du successeur d'un Dieu qui sûrement ne se trompe et ne trompe jamais.

Feuilletez ces *factum* intitulés *Crimes de la presse,* et

(1) Date de la première édition du *Genie du Christianisme.*

osez soutenir qu'il ne soit pas *temps de conjurer un fléau.*

Au lieu de *feuilleter* tant de *factum*, vrais *crimes de la presse,* méditez le livre où ces *crimes sont considérés comme générateurs de tous les autres,* et *osez soutenir qu'il ne soit pas temps de conjurer un fléau !*

Je descends dans l'arène historique, puisqu'on nous y veut bien appeler, *je relève le gant que l'innocente oppression de la presse jette à la presse criminelle.*

Ainsi vous défendez la *presse criminelle ;* vous le dites.

La monarchie française a commencé sous Clovis, comme chacun sait, vers l'an 486, en vous faisant grâce, Messieurs, du règne de Pharamond, si Pharamond il y a, et de ses trois premiers successeurs,

Depuis la première année du règne de Clovis jusqu'à l'année 1438, qui vit, sous Charles VII, la découverte de l'imprimerie, posons 952 ans.

De l'année 1438 à l'année 1789, sous le règne de Louis XVI, dans un espace de 351 ans, *la presse n'a jamais cessé d'être contenue ou* par la *terrible loi romaine,* ou par les *violens édits* de nos rois, ou par la censure.

La presse n'a jamais cessé d'être contenue ! et vous osez appeler cela de *l'histoire !* La

presse n'a, au contraire, jamais cessé d'être libre, et je n'en voudrois pour preuve que cette
terrible loi romaine, et ces *violens édits* que
vous citez à l'appui de sa répression. Si vous
connoissiez la véritable histoire, si vous enten-
diez surtout la vraie philosophie, qui tient lieu
de l'histoire, vous sauriez que les édits n'ont
jamais été *violens,* et les lois *terribles,* que lorsque les crimes se sont multipliés et sont eux-
mêmes devenus plus *terribles* et plus *violens.*

Le 27 août 1789, *la presse devint libre pour la première* fois en France:

Dites *fut déclarée libre;* c'est le prétendu,
le naïf *droit* qui est venu reconnoître *le fait*
impérieux qui avoit existé plus ou moins, depuis 1438, selon les temps et les rois, mais qui
n'avoit *jamais* cessé d'exister.

Elle perdit bientôt de fait, sinon de droit, cette liberté. Le 17 août 1792 amena l'établissement d'un premier tribunal criminel extra-légal remplacé en 1793 par
le tribunal révolutionnaire. Sous le Directoire, la presse
retrouva pendant trois ans sa liberté pour la perdre
après, dans une nouvelle proscription ; l'esclavage de
la presse fut continué sous le consultat et sous l'Empire.
Louis XVIII, en 1814, mit le principe de la liberté
de la presse dans la Charte : divers ministères crurent

devoir demander la censure. Celle-ci fut abolie en 1819, rétablie en 1820, prolongée jusqu'en 1822, et enfin levée à cette époque, bien qu'elle conserve dans la loi une existence facultative.

De compte fait,

Au gré de votre imagination.

Nous trouvons donc dans la monarchie 952 *années de temps barbares avant la découverte de l'imprimerie,* 351 années depuis cette découverte, sous le régime varié de l'oppression ou de la censure de la presse.

On avoit cru jusqu'à ce jour, même dans le *Génie du christianisme,* que la *France* avoit cessé d'être *barbare* avec le christianisme; on se trompoit, c'est avec *l'imprimerie.* Nous sommes honteux de le dire, l'imprimerie n'est pas une création, mais un développement; c'est l'écriture facilitée, multipliée, comme l'écriture n'est elle-même que la parole rendue stable.

Trois années de liberté de cette presse, depuis le 27 août 1789 jusqu'au 17 août 1792.

C'étoit juste, en effet, la durée nécessaire à la mission de la presse, *le 21 janvier 1793.*

Trois ans de cette même liberté sous le Directoire, jusqu'au 18 fructidor; six ans sous la restauration : somme totale, *à peu près douze années de liberté de la presse*

dans une monarchie de près de quatorze siècles : sommes-
nous déjà *fatigués de cette liberté?*

Le mal va bien autrement vite que le bien,
et *douze années* de fausse liberté peuvent cau-
ser plus de calamités, que *quatorze siècles* de censure n'ont pu produire de bonheur.

*Cela posé, on est forcé de convenir que tous les cri-
mes, que toutes les corruptions dont on accuse la liberté de la presse, ne sont point le fait de cette liberté.*
Rien n'est mortel aux déclamations comme les chiffres... de ces chiffres ; il résulte que la liberté de la
presse est l'exception à la règle dans nos lois. Eh ! quelle
exception, une exception de douze années dans des institutions qui embrassent une période historique de
1431 ans !

Et nous aussi, nous dirons comme notre adversaire : *Cela posé, on est forcé de convenir
que tous les crimes dont on accuse la presse*
SONT LE FAIT DE CETTE LIBERTÉ. *Rien n'est
mortel aux déclamations comme les chiffres :
de ces chiffres, il résulte que la liberté fut la
règle, et la censure l'exception dans nos lois.*

Parcourons maintenant les époques! Lorsqu'en 1358,
les paysans brûloient les châteaux des gentilshommes,
comme en 1789 ; lorsqu'ils faisoient rôtir ces gentilshommes, et s'asseyoient à un festin de cannibales, en

contraignant des épouses et des filles outragées à le partager avec eux, *étoit - ce l'imprimerie non encore découverte,* qui avoit endoctriné ces vassaux félons?

C'étoit la parole, c'étoient des discours, c'é-
toient des lettres, c'est-à-dire, une *imprimerie*
abrégée.

Lorsque, le 12 juillet 1481, le peuple de Paris donna
dans les prisons la première représentation des 2, 4 et 6
septembre 1792; lorsqu'obligeant les prisonniers de sortir
un à un, il les massacroit à mesure qu'ils sortoient;
lorsqu'il éventroit les femmes, pendoit les grands sei-
gueurs et les évêques, l'imprimerie étoit inconnue,
*l'esprit humain reposoit encore dans une vertueuse igno-
rance.*

Lorsque le crime veille, *l'esprit humain* qui
le produit ne sauroit *reposer.*

Recueillie à sa naissance par la Sorbonne et ensuite
par Louis XI, qui la mit apparemment dans une cage
de fer, *l'imprimerie étoit trop foible* à la fin du sei-
zième siècle et au commencement du dix-septième,
pour être accusée de toutes les calamités avenues sous
les règnes qui précédèrent ceux de la maison de Valois.

Si *l'imprimerie étoit trop foible,* la parole
étoit peut-être assez forte, et cela suffisoit.

Les massacreurs de la Saint-Barthélemi *vouloient-ils*
l'indépendance de l'opinion? Ce nommé Thomas qui

se vantoit d'avoir tué de sa main quatre-vingt huguenots dans un seul jour; cet autre assassin qui, par son
récit, épouvanta Charles IX lui-même; ce Coconnas
qui racheta des mains du peuple trente huguenots
pour les tuer à petits coups de poignards, après leur
avoir fait abjurer leur foi, sous promesse de la vie;
ces brigands de 1572 ne ressembloient-ils pas assez
bien aux septembriseurs de 1792? *Je ne sache pas
néanmoins qu'ils fussent grands partisans de la liberté
de la presse.*

Ce ne sont pas les exécuteurs, mais les fau-
teurs du crime, qui sont *partisans de la liberté*
de la parole ou *de la presse.*

Jacques Clément, Ravaillac, Damien, avoient été
régicides avant les régicides de 1793, et le Parlement
de Paris avoit commencé à instruire le procès de
Henri III avant que la Convention mît Louis XVI en
jugement.

Eh ! Messieurs, *les horreurs même de la révolution
ont-elles eu lieu en face de la liberté de la presse?*

Elles n'ont pas eu lieu *en face*, mais *à la
suite*, comme l'effet suit la cause, comme la
foudre vient après l'éclair.

La presse, devenue libre en 1789, cessa de l'être, le
17 août 1792 ; alors s'établit, je l'ai déjà dit, un tribunal prévôtal. *Quelles furent les premières victimes
immolées? des gens de lettres,* défenseurs du monarque

et de la monarchie. Durosoy jugé à cinq heures du soir, et conduit au supplice à huit heures et demie, remit au président du tribunal un billet qui ne contenoit que ces mots : *Un royaliste comme moi devoit mourir un jour de Saint-Louis.* Il précéda son roi que tant d'autres devoient suivre : il eut la tête tranchée le 25 août 1792.

Et, pour ne parler que de ce qui s'est passé à Paris, comptez-vous pour rien le massacre de MM. Delaunay, de Flesselles, Foulon, Berthier, et de tant d'autres qui mériteroient bien, ceux-là, l'honneur d'être nommés? Lorsque les lettres ont produit leurs fruits, lorsque les bourreaux sont *en face* des victimes, quelques *gens de lettres* peuvent bien se faire honneur; mais ils ne sauroient *défendre,* ils peuvent même compromettre la monarchie.

Les *écrivassiers,* les vils *folliculaires* que poursuit le présent projet de loi ne se découragèrent point; ils ne s'effrayèrent point de marcher dans un peu de sang sorti de leurs veines : tous les royalistes prirent la plume; les journaux devinrent un périlleux champ de bataille; l'intelligence humaine eut ses grenadiers et ses gardes d'honneur, qui se faisoint tuer au pied du trône. Et *que faisoient alors les prédicateurs de l'ignorance? Plusieurs se cachoient* devant les échafauds, et quelques-uns jusque *dans les crimes révolutionnaires,* afin sans doute d'être plus à l'abri.

Ceux qui *se cachent dans les crimes*, fussent-ils des prêtres, ne sont pas *les prédicateurs*, mais les ennemis de la *science* de Dieu, qu'il vous plaît d'appeler *ignorance*.

Au moment du procès de Louis XVI, les écrivains mêlèrent leur voix à celle des trois défenseurs de la grande victime ; mais elles étoient étouffées par la faction régicide. A cette faction seule étoit laissée la liberté entière de tout exprimer : *la mort,* qui présidoit à un tribunal de sang, *retiroit la parole* à quiconque vouloit défendre l'innocence et la vertu.

La mort ne retire la parole à ceux qui veulent *défendre la vertu*, que lorsqu'auparavant la parole, et à plus forte raison l'imprimerie, en attaquant la vérité, s'est refusée à *défendre la vertu.*

Témoin ce grand citoyen, ce magistrat courageux, *l'immortel Malesherbes.*

Témoin le ministre de la librairie du 18ᵉ siècle, *l'immortel Malesherbes !* car les mauvais ministres, ainsi que les bons, sont *immortels.*

Et vous, mon illustre collègue (1), vous qui avez l'insigne honneur d'être nommé dans l'Évangile de la royauté, j'en appelle à votre déposition : appuyé par

(1) M Desèze

la liberté complète de la presse, *votre triomphe n'au-*
roit-il pas été assuré ?

Non.

Si la *France* avoit pu hautement se faire entendre,
vous auriez brisé les fers du martyr, et nous pourrions
aujourd'hui vous féliciter de votre gloire, sans répan-
dre des larmes.

Alors ce n'eût pas été M. Desèze, mais *la*
France qui eût *brisé les fers du martyr.*

Mais votre *éloquence* fut un baume *inutile* appliqué
sur les blessures du juste ; votre auguste maître auroit
pu dire de vous ce que le Christ dit de la femme charitable : *En répandant ce parfum sur mon corps, elle l'a*
fait en vue de ma sépulture : AD SEPELEINDUM ME FECIT.

Inutile, cela est vrai, et cela n'ôte rien au
courage de cette *éloquence.*

Un nouveau tribunal criminel extraordinaire avec
jurés, fut érigé le 10 mars 1793, et mis en activité le
27 du même mois ; le 29, on prononça la peine de *mort*
contre ceux qui provoquoient le rétablissement de la
royauté, c'est-à-dire, *contre les écrivains.*

Des écrivains, et ceux-là même peut-être,
avoient demandé, long-temps avant, l'abolition
de la peine de *mort* contre les crimes de la

presse, et même contre tous les crimes (1); et
qui sait si la mort des victimes n'est pas une des
conséquences de leur indulgence pour les bourreaux ? Il n'y a rien de plus meurtrier que l'indulgence.

Le 17 septembre de la même année, vint le décret
contre les suspects. La reine périt le 16 octobre. Le 28
du même mois, le tribunal criminel extraordinaire
prit le nom fameux de tribunal révolutionnaire.

Le premier numéro du bulletin de ces lois, où sera
inscrite la loi actuelle, si vous l'adoptez, contient la
loi qui réprima les abus de la liberté de la presse pendant le règne de la terreur. Cette loi portoit :

« Art. 1er. Il y aura un *tribunal* révolutionnaire.

Il faut en effet toujours, au milieu d'une
société, *un tribunal* éclairé et sévère *pour punir les ennemis du peuple,* ou pour punir les
ennemis des rois.

» Art. 4. Le tribunal révolutionnaire est institué
» *pour punir les ennemis du peuple.* .

» Art. 5. Les ennemis du peuple sont (suit la caté-
» gorie des ennemis du peuple : on y trouve) ceux qui
» auront provoqué le rétablissement de la royauté;......
» ceux qui auront cherché à égarer l'opinion, à al-
» térer l'énergie et la pureté des principes révolution-

(1) Avis à la société de *morale chrétienne.*

» naires et républicains , ou à en arrêter les progrès par
» *des écrits contre-révolutionnaires ou insidieux.*

» Art. 7. La peine portée contre tous les délits dont
» la connoissance appartient au tribunal révolution-
» naire, est la mort.

» Art. 9 Tout citoyen a le droit de saisir et de con-
» duire devant les magistrats les conspirateurs et les
» contre-révolutionnaires. »

L'article 13 dispense de la preuve testimoniale, et l'article 16 prive de défenseur les *conspirateurs.*

Voilà , Messieurs, de la haine contre la liberté de la
presse sur une grande échelle : *Couthon s'entendoit* à
réprimer les abus de cette liberté.

Couthon s'entend en effet à cela, lorsque
Malesherbes a cessé de s'y entendre.

Au moins on ne soumettoit pas les gens de lettres à
une loi d'exception ; la justice et l'égalité de ces temps
promenoient sur eux le niveau révolutionnaire : *la
mort étoit alors le droit commun français.*

Et, si on n'y pense, elle le sera encore.

Les écrivains, frappés avec tous les gens d'honneur,
étoient attachés *en allant au supplice, non avec des
galériens, mais avec Malesherbes,* avec Mme Elisabeth.

C'est que *le galérien* alors, grâces à eux
peut-être, au lieu d'être conduit, conduisoit au
supplice.

Pour comité de censure on avoit le club des Jacobins; pour gazette du matin, le procès-verbal des exécutions de la veille : le bourreau étoit le seul journaliste quotidien qui fût en pleine possession de la liberté de la presse. On *n'exigeoit pas des autres écrivains le dépôt de leurs ouvrages, mais celui de leurs têtes :* c'étoit plus logique; car s'il est vrai que les morts ne reviennent pas, il est aussi certain qu'ils n'écrivent plus.

Ici, à votre genre près, vous êtes historien; quant à moi, je reprends votre histoire, et j'en fais une prophétie. Que le gouvernement laisse faire les écrivains, qu'il vous laisse faire vous-même, et il viendroit un jour où l'on *n'exigera pas le dépôt* de vos *défenses de la presse,* mais celui *de votre tête,* sans que nous existions nous-mêmes pour la défendre.

Cependant, Messieurs, sous la terreur *on se plaignoit* aussi de la liberté de la presse; on arrêtoit les journaux à la poste, comme rendant un compte infidèle des séances de la Convention. Thuriot assuroit que l'esprit public étoit corrompu par des écrits pernicieux, *il demandoit que l'on empêchât la circulation de ces journaux qui infectoient tous les jours la France entière de leur poison :* ce sont ses propres paroles.

Je le crois bien ! La presse, lorsqu'elle est entre les mains des bons, est une puissance contre les méchans, comme elle est une puissance contre les bons lorsqu'elle est entre les mains des méchans, et *l'esprit public* révolutionnaire, comme *l'esprit public* ami de l'ordre, est *corrompu par des écrits.*

Les rédacteurs du *Moniteur* se virent dans le plus grand péril pour avoir cité un discours prononcé à la société des Jacobins, et inséré dans le journal de cette horde.

Le Comité de salut public envoyoit chercher les épreuves du Moniteur, et effaçoit apparemment les calomnies contre les crimes.

Il n'est pas étonnant que le droit d'écrire, de *corriger les épreuves,* ou de régler l'écriture, siège avec le droit de glaive : car il est plus grand que lui.

Robespierre s'élevoit contre la licence des écrits; il donnoit à entendre qu'il étoit impossible de gouverner avec la liberté de la presse; il incriminoit quelques numéros du *Vieux Cordelier,* journal de Camille Desmoulins; il vouloit qu'on les brulât, et Camille Desmoulins lui disoit fort bien que *bruler n'étoit pas répondre.*

Cela est mieux, car cela est davantage.

Vous jugez facilement, Messieurs, de l'état de la liberté de la France à l'époque où le *Vieux Cordelier* passoit pour le journal de l'opposition, pour le journal royaliste. Dans la solitude du Temple, lorsque le roi orphelin étoit déjà appelé au ciel par son père, on n'entendoit que le bruit de la machine de mort et les acclamations des furies révolutionnaires. Qui, dans la France désolée, chantoit encore un *Domine, salvum fac regem* pour le royal enfant délaissé? *Quelques écrivains cachés* au fond des forêts, des cavernes et des tombeaux.

Ceux-là sans doute qui avoient *considéré* vainement *les crimes de la presse comme générateurs de tous les autres.*

Après la terreur, la liberté de la presse reparut; *son effet fut tel qu'on se crut au moment de voir rentrer le Roi.*

C'est précisément parce que la presse peut faire *rentrer* le Roi, qu'elle peut aussi faire *rentrer* autre chose.

Il fallut du canon et le génie de Buonaparte pour réduire la liberté de la presse. Celui qui devoit remporter de plus nobles victoires foudroya les écrivains.

Ce qu'un tyran ne fait qu'avec *du canon,* un Bourbon le fait avec un désir.

A la tête d'une des sections de Paris, il rencontra un homme d'honneur et de talent, armé pour les chefs de cette vieille monarchie dont il devoit *écrire* l'histoire.

¹ Dites, *Ecrire* sur l'histoire.

Personnages illustres, auxquels il est trop heureux *d'avoir pu donner* dernièrement un nouveau gage de sa fidélité (1).

Dites *cru donner*.

A cette même époque du 13 vendémiaire, un autre homme fut arrêté à Chartres et amené à Paris par des gendarmes, lesquels avoient ordre de l'attacher à la queue de leurs chevaux. L'enceinte où l'Académie tient aujourd'hui ses séances étoit alors une prison : on y renferma l'homme arrêté à Chartres. Les gendarmes venoient le prendre chaque matin ; ils le conduisoient à une commission militaire. Au bout de cinq jours, on le condamna à être fusillé. De quel crime fut-il atteint et convaincu? *d'avoir usé,* dans son journal, *de la liberté de la presse,* en faveur du Roi légitime.

Aussi n'est-ce pas contre ce noble *usage de la liberté de la presse* que le gouvernement du Roi veut s'élever, mais contre ses *affligeans scandales* (2).

Cet homme, aujourd'hui membre de l'Académie, a été *frappé* avec deux de ses confrères, frappé dans le lieu même qui fut jadis son cachot, frappé pour avoir réclamé une seconde fois cette liberté de la presse, dont il avoit fait un si loyal emploi (3). Convenons, Messieurs, que ce sont là de bizarres destinées, de singuliers rapprochemens et d'utiles leçons.

(1) M. Lacretelle.
(2) Propres paroles du Roi.
(3) M. Michaud

La main d'un Roi très-chrétien, comme le bras de Dieu, alors même qu'il paroît *frapper* avec colère, ne frappe jamais sans amour, et par conséquent sans avantage pour celui de ses sujets qui accepte le coup au cri de *vive le Roi* (1)!

Dispersés un moment par le canon du 13 vendémiaire, quand ce censeur eut fini de gronder, les amis de la liberté de la presse revinrent à la charge pour la royale famille exilée. Le Directoire proposa de les *déporter en masse*. Les propriétaires, entrepreneurs, directeurs, auteurs, rédacteurs et collaborateurs de cinquante-quatre *journaux furent proscrits*.

Les livres et les journaux sont donc bien puissans, puisqu'il faut toujours les *déporter en masse* ou les *proscrire*.

Quelques orateurs voulurent les défendre dans le conseil des Cinq-Cents; ils firent observer que, par le vague de la rédaction, les innocens couroient le danger d'être confondus avec les coupables; on cria : *tant mieux. Le représentant du peuple soutint que* les écrivains étoient des conspirateurs, *que leur existence accusoit la nature et compromettoit l'espèce humaine, qu'ils corrompoient la morale publique, qu'ils flétrissoient les réputations les mieux méritées.*

Le représentant d'un peuple souverain avoit

____

(1) C'est ce que M. Michaud a fait.

bien raison de *qualifier* de *conspirateurs* des écrivains qui défendoient la *souveraineté d'un Roi*.

L'assemblée déclara que tous les journalistes étoient des *coquins* ; et en répétant *aux voix ! aux voix !* on proscrivit quatre-vingts citoyens en haine de la liberté de la presse et de la légitimité.

On agissoit tyranniquement, mais conséquemment.

Et quels étoient ces vils folliculaires, ces méprisables journalistes? C'étoient les hommes les plus distingués par leurs talens, les Fontanes, les Suard, les Bertin, les Fiévée, les Michaud, les Royou, les Lacretelle et tant d'autres.

Depuis, M. Suard a justifié la *censure* même du théâtre; le rédacteur du *journal des Débats*, M. Fiévée, a dit « qu'il n'y avoit point de gouvernement que la liberté de la presse *n'expédiât en fort peu de temps,* » et M. Michaud est l'un des premiers qui se soit élevé contre elle dans la *Quotidienne*.

Ici, Messieurs, une remarque importante doit être faite. La liberté de la presse a commencé en France en 1789, précisément avec la révolution. *De là* il est arrivé, etc.

Comme le principe est faux, la conséquence l'est aussi.

De là il est arrivé que les premiers rédacteurs des premiers journaux libres n'ont été que des citoyens de tous les rangs, de toutes les conditions, de toutes les fortunes, qui s'emparèrent de cette nouvelle arme, pour *défendre, chacun selon son opinion, les intérêts de leur pays.*

Et par conséquent l'un bien et l'autre mal; et alors l'un *défendant,* l'autre attaquant *les intérêts de leur pays.*

Le noble et le plébéien, l'homme de cour et l'habitant de la ville, le prêtre et le laïque, le ministre et le député, le juge et le soldat, déposèrent leurs pensées dans des feuilles périodiques.

Au moment où *les plus grandes questions étoient soulevées,* au moment où l'ancien ordre de choses disparoissoit, on ne s'occupa pas *théoriquement* de la liberté de la presse; on se hâta de la mettre en *pratique.*

Soulevées ! elles le furent bien avant. Seulement elles le furent alors par plus de monde.

On n'usa pas de la liberté de la presse dans son intérêt propre, mais dans l'intérêt des existences personnelles en péril. Ainsi les journalistes politiques, à leur naissance, n'ont point été chez nous, comme partout ailleurs, de simples raconteurs de nouvelles. Voilà pourquoi il est si injuste et si *ingrat d'oublier leur noble origine,* de les insulter d'un ton si superbe.

Le *désintéressement,* surtout alors, n'est

le fait que du très-petit nombre des écrivains. La si *noble origine*, dont vous faites la conséquence de ce *désintéressement*, n'est donc pas exacte.

Vous leur demandez des *garanties* de leurs principes, *ils vous exhiberont les arrêts* d'emprisonnement, d'exil, de déportation et de *mort* dont ils ont été frappés. Contesterez-vous la validité de leurs *titres?* N'accepterez-vous pas ces cautionnemens qui sont bien à eux, et qu'ils n'ont pas empruntés?

Tel a jadis été *déporté* pour la monarchie qui l'a depuis attaquée jusque dans ses fondemens. Tel autre qui l'attaquoit jadis, peut aujourd'hui la défendre. Il s'agit moins apparemment des *garanties* qu'on a données, que de celles qu'on donne aujourd'hui; et les vieux *titres* se concilient trop souvent avec les ignominies nouvelles.

Le consulat et l'usurpation impériale né purent s'établir que par la servitude de la presse; mais *du moins* Buonaparte donna la *gloire pour censeur à la liberté :* c'étoit l'esclavage, moins la honte.

Du moins ! Et si, dans le fond, cette prétendue compensation n'étoit que de l'orgueil suivi de sang! C'est à quoi se réduit en effet *la gloire* des tyrans. Après tout, j'aime autant la police que *la gloire pour censeur à la liberté :* c'est l'obéissance, *moins l'esclavage.*

Sous le poids de ces chaînes brillantes, les écrivains conservèrent *seuls* le souvenir des Bourbons, etc. etc.

Seuls ! un *seul* homme en effet, par humilité ou par orgueil, ne se seroit-il pas caché dans ce tableau ?

On étoit distrait et enivré dans les camps par la victoire.

On ! excepté, je pense, ceux du sang desquels le champ de bataille étoit *enivré...*

Les gens de lettres, en fouillant dans les caveaux de Saint-Denis, en rappelant l'antique religion, réveilloient des regrets, faisoient naître des espérances : *jamais race de rois n'a tant eu à se louer de la presse que la race de saint Louis.*

Y pensez-vous ? vous avez dit tout à l'heure que, sur quatorze siècles du règne des Bourbons, la liberté de la presse n'avoit existé que douze *années.* Si *la race des Bourbons* a eu tant *à se louer de cette liberté,* n'auroit-elle pas eu aussi à s'en plaindre un peu ?

Je le dirai, sans crainte d'être démenti, c'est *princi-*

palement aux gens de lettres que nous *sommes redeva-*
bles du retour de la légitimité : ils la cachèrent dans le
sanctuaire des muses au jour de la persécution, comme
les lévites conservèrent dans le temple la dernière goutte
du sang de David. Leur fidélité et leur dévoûment au
malheur ne méritoient pas le projet de loi qui les menace.

Les 600,000 hommes armés, sous les ordres
d'Alexandre, ont bien été pour quelque chose
dans le *retour de la légitimité.*

Sur les treize années de la monarchie constitutionnelle, on compte sept années de censure : dans ces sept
années, se trouvent placés le retour de Buonaparte et
cinq ou six conspirations. Nous n'avons, Messieurs,
été tranquilles, les *conspirations n'ont cessé que depuis*
qu'on nous a rendu la liberté de la presse. *Singulière*
inadvertance ! on met sur le compte de la liberté de la
presse, à peine établie depuis quelques années, tous
les désordres, tous les malheurs qui appartiennent à
des temps où la presse a été opprimée par la violence
des édits, le joug de la censure, et la terreur de la
révolution.

Les petites *conspirations* ont cessé, mais la
grande ! et d'ailleurs, tous ces attroupemens
menaçans, séditieux, et quelquefois armés et
en action, que nous voyons, ne seroient-ce pas
des *conspirations* au moins ? Ainsi c'est bien
de votre côté que l'*inadvertance est singulière.*

Si m'abandonnant les crimes, pour ainsi dire, politiques, on se rabattoit sur les crimes de l'ordre moral et civil, *on n'auroit pas meilleur marché de l'histoire.*

Nous allons le voir.

On nous épouvante de la monomanie cruelle d'une servante; et nous voyons, en 1555, un misérable, appartenant à une profession sacrée, se jeter, par amour du sang, sur une petite fille âgée de six ans, et l'égorger! Aux empoisonnemens tentés de nos jours, j'opposerai ceux de la veuve Merle, en 1782; de Desrues, en 1776; de la Brinvilliers, en 1674; enfin du parfumeur de Catherine de Médicis, en 1572 : « homme » confit en toutes sortes de cruautés et de méchancetés, » dit Pierre de l'Estoile; qui alloit aux prisons poi- » gnarder les huguenots, et ne vivoit que de meurtres, » brigandages et empoisonnemens. »

Ce n'est pas de la *monomanie d'une servante* que les hommes vraiment éclairés voudroient vous *épouvanter,* c'est de l'*aveuglement* devenu presque universel dans les sociétés tenues pour le plus civilisées. Ainsi reprenez, comme vous auriez dû reprendre un jour à l'Académie (1), des tableaux de crime dont l'utilité n'excuse point le dégoût.

Le crime de Léger est un des plus affreux de notre

(1) Voyez le *Journal des Débats* du 10 février 1826

époque, et un de ceux qui a *le plus* prêté aux déclamations contre les effets *immoraux* de la presse.

Fausseté.

Il se reproduit néanmoins plusieurs fois dans l'histoire de la monarchie absolue. On le retrouve sous le
règne de Charles VII, dans le maréchal de Retz : ses
débauches et ses cruautés sont trop connues. En 1610,
fut roué et brûlé à Paris un scélérat, pour violences
envers ses trois filles en bas âge : les détails du crime
étoient si affreux, que le parlement condamna la pro-
cédure à être brûlée avec le criminel, *afin,* dit l'historien, *que ce fait tant énorme fût enseveli et éteint à
jamais dans les cendres d'oubliance.*

Afin que! Que n'aviez-vous cette prudence
aussi !

Enfin, en 1782, Blaise Ferage Seyé, maçon, âgé de
vingt-deux ans, se retira dans un antre sur le sommet
·d'une des montagnes d'Aure. Vers le déclin du jour, il
sortoit de sa caverne, enlevoit les femmes, poursuivoit
à coups de fusil celles qui fuyoient, et exerçoit sur ces
victimes expirantes toutes les fureurs de Léger. Il ne vivoit plus de pain, et étoit devenu anthropophage. Il fut
saisi par la justice, et rompu vif le 13 décembre 1782.

La plupart de ces criminels *ne savoient ni lire ni
écrire.*

Mais ils savoient entendre et parler ; et la parole est aussi, seulement moins, génératrice des
crimes de la presse.

(60)

Mais voici quelque chose de plus *concluant* : M. le
garde des sceaux a fait publier le compte général de
l'administration de la justice criminelle en France pendant l'année 1825. Il résulte des tableaux synoptiques
de ce compte que les cours d'assises ont jugé 5653
accusations.

Cinq mille six cent cinquante-trois! Le nombre des *accusations,* surtout dans les mauvais
siècles, n'est jamais *concluant* pour apprécier les
crimes. La raison en est simple : le criminel est
plus habile, et le juge l'est moins.

Eh bien! Messieurs, dans les plus beaux temps du
règne de Louis XIV, en 1665, on trouve que 12,000
plaintes pour crimes de toutes les espèces furent portées
devant les commissaires royaux à ce qu'on appeloit
les grands jours d'Auvergne ; c'est-à-dire qu'en 1665,
*on jugea, dans une seule province de la France, deux
fois plus de crimes que l'on n'en a jugé en 1825 dans
toute l'étendue de la France.*

J'admets le fait, qui est évidemment faux, ou
mal entendu; je ne répondrai qu'une chose :
c'est qu'on jugea *tous* les crimes en Auvergne
en 1665, et qu'on en a ignoré ou respecté légalement une grande partie en France en 1825.

L'historien qui raconte le fait des douze mille plaintes
n'est pas suspect de philosophie, c'est Fléchier : il entre

dans les détails. Il nous apprend que l'accusateur et les témoins se trouvoient quelquefois plus criminels que l'accusé.

Mais vous avez mal entendu Fléchier (voyez l'*Etoile* du 10 mai).

« *Un* de ces terribles châtelains, dit-il, entretenoit » dans des tours à Pont-du-Château, douze scélérats » dévoués à toutes sortes de crimes, qu'il appeloit ses » douze apôtres. » L'abbé Ducreux, éditeur des ouvrages de Fléchier, rapporte, à cette occasion, l'exécution d'un curé condamné pour des crimes affreux, et il déplore l'état où l'ignorance et la corruption des mœurs avoient fait tomber la société à cette époque : il y eut dans un seul jour plus de trente exécutions en effigie.

Un! C'est parce qu'il étoit *seul* peut-être qu'il fut plus remarqué, et qu'il est devenu historique.

Trente-quatre ans plus tard, en 1699, toujours sous le règne du grand roi, une femme, appelée Tiquet, eut la tête tranchée pour tentative d'assassinat sur son mari. Louis XIV, sollicité par le mari même de cette femme, alloit accorder des lettres de grâce, lorsque *l'archevêque de Paris représenta au Roi que les confesseurs avoient les oreilles rebattues de projets contre la vie des maris*. L'arrêt fut exécuté.

Supposition manifeste ; les épouses qui *projettent contre la vie de leurs maris* ne vont *pas rebattre de leurs projets* les confesseurs. Et *l'archevêque de Paris,* qui ne peut pas savoir les révélations du tribunal de la pénitence, peut encore moins les répéter.

Certes, on ne dira pas que la religion fut sans force, le clergé sans puissance, l'instruction chrétienne sans vigueur sous le règne de Louis XIV; et pourtant les forfaits que je viens de rappeler *n'étoient ni prévenus par l'esprit d'un siècle* que l'on nous cite comme modèle, *ni fomentés par la liberté de la presse* qui n'existoit pas.

Ils *l'étoient* moins seulement.

Il m'en a coûté, Messieurs, de vous présenter ce triste inventaire des dépravations humaines.

Et il en a plus *coûté* à vos lecteurs.

C'est bien malgré moi que j'en suis venu à ces affligeantes représailles; mais tous les jours les détracteurs de nos institutions nous poursuivoient de leurs *mensonges.*

Vous nous accusez de *mensonges;* nous ne vous accusons que d'erreurs : entre nous, quel est le plus charitable?

Le tableau des prétendus *crimes de la presse incessamment ravivé,*

Et quels sont les plus coupables, de ceux qui

ravivent les crimes de la presse pour en procurer la prévention, de ceux qui les commettent,
ou de ceux qui les défendent ? Nous croyons
que ce ne sont pas ceux qui les commettent.

Fascinoit la foule, troubloit les esprits foibles, ren-
doit perplexes les caractères les plus fermes.

Fascinoit la foule, etc. Ces effets ne prou-
veroient-ils pas un peu de vérité dans la cause ?

Il *falloit en finir;* il falloit faire remonter le mal à
sa source en confondant la mauvaise foi; il étoit ur-
gent de prouver que les forfaits attribués à la liberté
de la presse, afin d'avoir un prétexte de l'étouffer, ne
sont point d'elle; que ces forfaits se retrouvent avec
plus d'abondance, avec des circonstances plus atroces
aux diverses époques de la monarchie absolue.

Il falloit en finir : c'est pour cela que nous
avons écrit.

Ignorance et censure, reprenez vos crimes !

Reprenez ! A la façon de·la vertu sur laquelle se décharge la calomnie...

En maxime de droit, les *coupables ne sont reçus ni
comme témoins, ni comme accusateurs.*

Et pourtant, *coupable* vous-même, vous vous
êtes présenté, et vous avez été accepté peut-être,
et comme *témoin,* et comme *accusateur !*

Si l'on me disoit que des attentats peuvent être commis sous la liberté de la presse, je ne suis pas assez absurde pour le contester. Mais est-ce la question? Il s'agit de savoir si l'asservissement de la presse prévient les actions coupables : or, *c'est ce que je nie.*

Et ce que j'affirme.

Par les exemples que j'ai cités, *j'ai le droit* de soutenir que les crimes sont plus nombreux, plus faciles à exécuter dans l'absence de la liberté de la presse, qu'en présence de cette liberté.

On a vu si vous *avez ce droit-là.*

Reste à examiner l'article des mœurs. J'en suis fâché pour les partisans du projet de loi, pour les admirateurs du bon vieux temps, auquel ce projet ne manquera pas de nous ramener : les abominables jours de la liberté de la presse, ces jours où nous avons le malheur de vivre, *vont encore gagner leur procès.*

Cela dépendra du juge.

A quelle époque de la monarchie absolue veut-on que je me place, sous la première ou sous la seconde race? Ouvrirons-nous Grégoire de Tours, Frédégaire, Eginhart, les Annales de Fuldes ou les Chroniques des Normands? Nous y verrions de bien *belles choses* sur les bonnes mœurs de ces temps où l'invention de l'imprimerie n'étoit point encore sortie de l'enfer.

C'est dans les bons siècles que les crimes se

notent, car ils font saillie. Dans les mauvais temps, comme la corruption est universelle , c'est la vertu qui sort de ligne.

Passerons-nous tout de suite aux croisades? Les chevaliers sans doute étoient des héros; mais étoient-ils des saints? Qu'on lise les sermons de saint Bernard ; on verra ce qu'il reprochoit à son siècle. Après le règne de saint Louis, nous ne rencontrons guère que des cours corrompues; le brigandage des *guerres civiles se mêle à des dévotions* déshonorées par tous les genres d'excès.

Du moins n'emploie-t-on pas aux crimes les heures qu'on emploie *aux dévotions.*

Il est affreux de le dire, mais il ne faut rien laisser d'inconnu sur ces temps dont on a le courage de regretter l'ignorance : la religion, Messieurs, subissoit les outrages de cette ignorance. *C'étoit l'hostie sur les lèvres,* c'étoit après avoir juré à la sainte table l'oubli de toute inimitié, qu'on enfonçoit le poignard dans le sein de celui avec lequel on venoit de se réconcilier. On ne se servoit de l'absolution du prêtre que pour commettre le crime avec innocence.

Vous voyez toujours bien le petit nombre de crimes que la religion n'empêche pas, et vous ne voulez pas voir le grand nombre de ceux qu'elle prévient !

La conscience retrouvoit la paix dans le sacrilège, et *Louis XI* expiroit sans remords, sinon sans terreur.

L'exemple des *crimes des rois de France* est toujours assez mal choisi par un écrivain qu'un *roi de France* a fait pair de France.

Isabelle de Bavière mourut en 1435, trois années seulement avant la découverte l'imprimerie : apparemment que l'approche de ce fléau se fit sentir dans le règne de cette reine, à en juger par la dépravation des mœurs.

A la cour de ces ducs de Bourgogne, qu'un de nos nobles collègues (1) a peinte avec le charme des anciennes chroniques et *la raison de l'histoire moderne,* les grands seigneurs se *gaudissoient* à table dans des contes trop naïfs, qui sont devenus *les cent nouvelles nouvelles.*

Qu'est-ce que cette *raison*-là ?

Qu'on ne dise pas que ces déviations morales n'avoient lieu que dans le cercle des grands; elles se faisoient remarquer partout. *Les plaintes contre la dissolution des religieux et des prélats étoient générales.*

Le mal de la *dissolution des religieux* est effroyable... celui *des plaintes contre cette dissolution* l'est peut-être encore davantage. Il y a moins à craindre des foiblesses du pouvoir que des révoltes du sujet.

(1) M. de Barante.

Le peuple se laissoit emporter à des débordemens ef-froyables. Qui n'a entendu parler de la *vaudoisie* d'Ar-ras? Les hommes et les femmes se retiroient la nuit dans les bois, où, après avoir trouvé un certain dé-mon, ils se livroient pêle-mêle à une prostitution gé-nérale.

Les lois voulurent réprimer ces excès ; *elles furent atroces,* elles punirent par une espèce de débauche de barbarie la débauche des mœurs.

L'atrocité dans *les lois* qui punissent un crime suppose la reconnoissance de la gravité du crime ; et, lorsque la loi distingue le mal et le réprime, le mal n'est jamais dangereux.

Regretterons-nous ces temps où des populations en-tières étoient ainsi abruties? D'un côté, l'ignorance des lettres humaines; de l'autre côté, l'enseignement de la religion et l'exercice du pouvoir absolu n'étoient-ils pas *impuissans contre ces horreurs?*

S'ils furent *impuissans contre les horreurs* que vous avez citées, ils ont été puissans du moins contre les horreurs qu'ils ont prévenues, et que vous n'avez pu rappeler : c'est beaucoup.

Aujourd'hui de pareilles choses seroient-elles possi-bles? N'est-ce pas le progrès de la civilisation et des lumières, n'est-ce pas l'usage que les hommes ont fait de la faculté de penser et d'écrire, n'est-ce pas *l'accrois-*

sement des libertés publiques qui a délivré le monde de ces prodigieuses corruptions ?

Vous parlez toujours vaguement de libertés, oubliant que le citoyen ne doit avoir que celles de bien, jamais celles de mal faire ; et de même, vous attribuez toujours à toutes les *libertés* indistinctement, des bienfaits qui ne sont dus qu'aux libertés véritables.

Je ne m'imagine pas que le règne de *François* Ier fût précisément un règne de vertu, bien que ce grand roi *eût eu l'intention,* pendant quelques mois, de *faire briser toutes les presses de son royaume.* Rabelais et Brantôme ne manquent ni de saletés, ni d'impiétés : on brûloit cependant de leur temps les hérétiques.

Cela prouve du moins que la liberté de la presse exista bien généralement sous ce règne ; et tout à l'heure vous l'avez hautement nié.

Il est probable que Charles IX n'eût pas permis qu'on *volât* la vaisselle d'argent de son hôte, le sieur de Nantouillet, chez lequel il avoit dîné, *si l'on avoit joui d'un peu plus de liberté de la presse.*

On en a joui suffisamment pour qu'aujourd'hui vous sachiez ce prétendu *vol* royal.

Henri III, habillé en femme, un colier de perles au cou, ne fait pas beaucoup d'honneur aux mœurs de ces

temps où l'on défendoit d'écrire *à peine de la hart.* Ville-
quier tue sa femme parce qu'elle ne veut pas se prostituer
à Henri III ; Cimier tue son frère, chevalier de Malte ,
parce que ce frère avoit entretenu un commerce criminel avec sa belle-sœur; Vermandet est décapité pour
inceste ; Dadon , régent de classe, est brûlé comme
corrupteur de l'enfance ; la duchesse de Guise se livre
à un moine pour obtenir l'assassinat d'un roi, et Mar-
guerite de Valois va cacher dans le château d'Usson les
désordres de sa vie.

Me mettrez-vous toujours dans l'impuissance
de réfuter vos paroles, par l'impuissance de les
rapporter?

Le sentiment religieux n'étoit pas moins altéré que
le sentiment moral. Ceux-ci, catholiques *sincères*, le
chapelet à la main, s'enfonçoient dans tous les vices ;
ceux - là, abandonnés aux mêmes vices, tuoient les
réformés , sans être persuadés de la religion au nom de
laquelle ils les persécutoient. Maugiron et Saint-Mégrin
moururent le blasphème à la bouche.

Les *catholiques* qui *s'enfoncent dans les vices*
sont les plus dangéreux des philosophes.

Les *athées étoient fort communs.* Il y avoit des hommes, disent plaisamment les Mémoires du temps, *qui
ne croyoient à Dieu que sous bénéfice d'inventaire.*

Si vous trouvez *les athées* si *communs* alors ,

c'est que vous ne voyez plus le grand nombre d'hommes qui ne l'étoient pas.

En nous rapprochant de notre siècle, serons-nous plus édifiés des mœurs de la Fronde? Le cardinal de Retz nous les a trop fait connoître.

Par respect, *admiration* et reconnoissance,

En somme, vous *admirez* encore *le règne de Louis-le-Grand*, qui proscrivit la liberté de la presse. *Admirez-vous* aussi le règne de ceux de ses successeurs qui la tolèrent?

Jetons un voile sur certaine partie du règne de Louis-le-Grand.

Il y a quelquefois moins de perfidie dans le dire, qu'il n'y en a dans le silence.

Enfin, à l'abri de la *censure* fleurirent dans toute leur innocence l'âge d'or de la *régence*, et les jours purs qui l'ont suivie.

La *censure*, c'est-à-dire la tyrannie de la presse; et *la régence*, sa licence la plus effrénée... y songez-vous, grand Dieu!

Ces temps sont trop près de nous pour descendre à des particularités qui deviendroient des satires. Il suffira de noter quelques faits généraux à l'appui de la thèse que je soutiens.

A cette époque, Messieurs, les diverses classes de la

société se ressembloient : les Mémoires de Lauzun et de Bezenval ne contiennent pas plus de turpitudes que les Mémoires de Grimm et de Mme. d'Epinay, que les Confessions de Rousseau et les Mémoires des secrétaires de Voltaire.

Par une dérision dont l'histoire offre plusieurs exemples, *on* ne croyoit pas en Dieu, etc.

Cet *on* apparemment ne comprend pas les mêmes personnes.

Et l'on fulminoit des arrêts contre l'impiété ; les hommes les moins chastes prononçoient des châtimens contre les publications obscènes ; les édits de 1728 et de 1757 condamnoient au bannissement, aux galères, au pilori, à la marque, à la potence, les auteurs, imprimeurs et distribufeurs de livres contre l'ordre religieux, moral et politique. Le gouvernement n'avoit plus *l'air* d'être celui du peuple sur lequel il dominoit.

Ni le jeu : le peuple laissé libre est devenu roi.

On remarquoit, entre les lois et les mœurs, ces contradictions qui annoncent une *altération radicale* dans le fond des choses, et un prochain changement dans la société.

C'est vrai : seulement vous en ignorez la cause, pourtant si évidente.

N'est-ce pas lorsque les collèges étoient gouvernés par des ecclésiastiques, que se sont échappés de ces

mêmes collèges les destructeurs du trône et de l'autel ?
Je n'accuse point la science et la piété de ces anciens
maîtres, je *désire que l'éducation soit fortement chré-*
tienne.

Si les maîtres catholiques produisent les disciples athées, les maîtres athées produiront les
disciples religieux; est-ce là ce que vous entendez par *éducation fortement chrétienne ?*

Je ne fais point la guerre au passé, mais je défends
le présent qu'on calomnie : je dis *qu'on n'empêche*
point les générations d'être ce qu'elles doivent être.

Je dis *qu'on les en empêche.*

Je dis qu'on n'est pas reçu à charger la liberté de la
presse des désordres que l'on croit apercevoir aujour-
d'hui, lorsque *le 18ᵉ siècle, avec son impiété et sa dé-*
pravation, s'est écoulé sous la censure, s'est élancé du
sein même de l'enseignement religieux, dans le gouffre
de la révolution.

Dites donc sous la *censure* de droit, et avec
la liberté de fait.

Me dira-t-on que c'est précisément la licence des
écrits qui a engendré les malheurs et la corruption du
dernier siècle? Alors je demande à quoi bon les mesures
que vous proposez, puisque le gibet, le carcan, les galères, le donjon de Vincennes, la Bastille, la censure
et le pouvoir absolu *n'ont pu* arrêter l'essor de la pensée;

Dites n'ont voulu.

Puisqu'en *condamnant au feu le chevalier de la Barre , vous n'avez point épouvanté l'impiété*. Essayez donc de la liberté de la presse, ne fût-ce que comme un remède, l'inefficacité de l'oppression pour étouffer l'indépendance de l'esprit de l'homme étant reconnue.

C'est que la *condamnation au feu d'un seul* impie particulier, en opposition avec le repos ,et même l'anoblissement d'une foule d'impies célèbres, n'*épouvante* que la *piété*.

Cessons, Messieurs, de flétrir le siècle qui commence: *nos enfans valent mieux que nous.*

En ce cas pourquoi vous permettez-vous de les endoctriner?

On s'écrie que la France est impie et corrompue, et quand on jette les yeux autour de soi, on n'aperçoit que des familles plus régulières dans leurs mœurs qu'elles ne l'ont jamais été; on ne voit que des *temples où se presse une multitude attentive,* qui écoute avec respect les instructions de son pasteur.

Il est vrai, mais une *autre* et bien autrement grande *multitude écoute avec respect les instructions* de prédicateurs différens.

Une jeunesse *pleine de talent et de savoir,* une jeunesse sérieuse, trop sérieuse peut-être, n'affiche ni l'irréligion ni la débauche.

C'est pourquoi, sans doute, n'ayant plus besoin de maîtres, elle les juge.... elle juge même les rois qui les instituent.

Son penchant l'entraîne aux *études graves et à la recherche des choses positives*. Les déclamations ne la touchent point; elle demande qu'on l'entretienne de la raison, comme l'ancienne jeunesse vouloit qu'on lui parlât de plaisirs. On l'accuseroit injustement de se nourrir d'ouvrages qu'elle méprise, ou qui sont si loin de ses idées, qu'elle ne les comprend même plus. Il y a très-peu d'hommes de mon âge et au-delà, *qui n'aient la mémoire souillée d'un poème doublement coupable :* vous ne trouveriez pas dix jeunes gens qui *sussent* aujourd'hui dix vers de ce poème que *nous savions tous par cœur au collège.*

Vous reconnoissez que cela n'étoit pas bon à faire : seroit-ce meilleur à nous dire? Après tout, jadis on *savoit,* de nos jours on pratique la corruption : trouvez-vous cela mieux?

Que prétendez-vous donc? Vous vous créez des chimères, et pour les combattre, vous imaginez de rétablir précisément la législation qui a produit les mauvais livres dont vous vous plaignez. *Voulez-vous faire des impies et des hypocrites? montrez-vous fanatiques et intolérans.*

C'est en se *montrant tolérant de l'impiété* publique, qu'on *fait* à la longue *l'impiété* et *l'hypocrisie* privées.

La morale n'admet point de lois somptuaires : *ce n'est que par les bons exemples* et par la charité que l'on peut diminuer le luxe des vices.

C'est avant tout par d'utiles leçons, et par conséquent par l'interdiction des leçons mauvaises.

Mais observez, je vous prie, Messieurs, que cette jeunesse si *tranquille* maintenant avec la liberté de la presse, étoit tumultueuse au temps de la censure.

Vous avez parlé quinze jours trop tôt.

Elle s'agitoit sous les chaînes dont on chargeoit la pensée. Par une réaction naturelle, plus on la refouloit vers l'arbitraire, plus *elle devenoit républicaine ; elle nous poussoit* hors de la scène, nous autres générations vieillissantes, et dans son exaspération, elle nous eût peut-être écrasés tous. Bannie du présent, étrangère au passé, *elle se croyoit permis* de disposer de l'avenir : ne pouvant écrire, elle *s'insurgeoit ;* son instinct la portoit à chercher à travers le péril quelque chose de grand, fait pour elle, et qui lui étoit inconnu : on ne la contenoit qu'avec des gendarmes.

La jeunesse fait, ou fera ce que vous dites qu'elle a fait ; car la liberté n'existe guère plus aujourd'hui qu'elle n'existoit au temps même d'une censure imparfaite.

Aujourd'hui docile jusque dans l'exaltation de la douleur, si elle fait quelque *résistance,* ce n'est que pour accomplir un *pieux* devoir, que pour obtenir l'honneur de porter un cercueil.

Une *résistance pieuse* ressemble assez à la *sainte insurrection.*

Un regard, un *signe l'arrête.*

Et quelquefois la gendarmerie en action n'en vient pas à bout.

Sous la menace d'une nouvelle loi de servitude, cette jeunesse donne un rare exemple de modération : à la voix d'un maître qu'elle aime, elle comprime ces sentimens que la candeur de l'âge ne sait ni repousser, ni taire : plus de mille disciples (délicatesse toute française!) *cachent dans leur admiration* leur reconnoissance ; ils remplacent par des *applaudissemens dus au plus beau talent*

Et si, dans le fond, c'étoit principalement l'impatience de l'autorité qu'ils cachent dans les *applaudissemens* donnés au professeur !

ceux qu'ils brûloient de prodiguer à *la noblesse d'un sacrifice* (1).

Si le sujet à qui le Roi ôte une fonction, fait un *noble sacrifice,* qu'a fait le Roi?..... Comme c'est le motif, et non l'action qui fait le sacrifice, Dieu seul est, après tout, le vrai juge d'un *sacrifice.*

(1) M. Villemain.

Je ne sépare point, Messieurs, de ces éloges donnés à la jeunesse, les fils des guerriers renommés, des savans illustres, des administrateurs habiles, des grands citoyens, qui représentent au milieu de cette noble chambre les différentes gloires de leurs pères. Instruits aux libertés publiques sans les avoir achetées par des malheurs, ils apprendront de vous, nobles pairs, l'art difficile de ces discussions où la connoissance de la matière se joint à la clarté des idées et à l'éloquence du langage, de *ces discussions où toutes les convenances* sont gardées, où les passions ne viennent jamais obscurcir les vérités, où l'on parle avec sincérité, où l'on écoute avec conscience.

Excepté lorsque vous les méconnoissez vous-même, en accusant sans cesse d'*incapacité*, de *tyrannie*, et même de *démence* les ministres du roi de France, de *mensonges*, et même de *sottises* vos contradicteurs.

Pénétrés de la plus profonde reconnoissance pour la mémoire d'un roi magnanime qui voulut bien donner à leur sang une portion de souveraineté héréditaire, nos enfans seront prêts, comme nous, à verser pour nos princes légitimes la dernière goutte de ce sang; ils leur feront, s'il le faut, *un sacrifice plus pénible :* ils oseront signaler les erreurs échappées peut-être aux conseillers de la couronne, et par qui la France auroit à souffrir dans son repos, sa dignité ou son honneur.

L'opposition, qui est parfois un crime et trop souvent une faute, est rarement un *sacrifice*.

Ils se souviendront des belles paroles de l'ordonnance qui institue l'hérédité de la pairie : « Voulant donner » à nos peuples, dit Louis XVIII, un nouveau gage » du prix que nous mettons à fonder de la manière la » plus stable les institutions sur lesquelles repose le gou- » vernement que nous leur avons donné, ET QUE NOUS » REGARDONS COMME LE SEUL PROPRE A FAIRE LEUR » BONHEUR. »

Leur *bonheur*, s'ils sont reconnoissans; leur malheur, s'ils étoient ingrats.

Telles sont, Messieurs, les générations qui vivent sous la liberté de la presse, et telles furent celles qui ont passé sous l'asservissement de la presse. C'est un fait incontestable que, partout où la liberté de la presse s'est établie, *elle a adouci et épuré les mœurs*, en éclairant les esprits.

La liberté de la presse légitime a *adouci les mœurs*, comme la liberté de la presse sans frein les a aigries, ou même rendues féroces (1).

Quand a cessé ce long massacre des rois, ces atroces guerres civiles qui ont désolé l'Angleterre? Quand la liberté de la presse a été fixée.

______

(1) C'est dans ce sens que M. de Saint-Chamans a pu le dire avec vérité, et qu'il a dû le dire avec courage.

Et s'il n'avoit *cessé* que pour se préparer de nouveau aux cris effrayans de *liberté civile et religieuse par tout l'univers!* Un célèbre jurisconsulte de la Grande-Bretagne, Coke, n'attribuoit pas à la liberté de la presse, mais à la *chambre* qui la contenoit, le bonheur de sa patrie; car il disoit que « cette chambre tenoit toute l'Angleterre en repos. »

Deux fois l'incrédulité a voulu se montrer dans la Grande-Bretagne sous la bannière de Toland et de Hume, deux fois la liberté de la presse l'a repoussée.

Deux fois... juste!!!

Jetez les yeux sur le reste de l'Europe; vous reconnoîtrez que la corruption des mœurs est précisément en raison du plus ou moins d'entraves que les gouvernemens mettent à l'expression de la pensée. Un écrivain qui consacre ses veilles à des travaux utiles, vous a prouvé que jusque dans Paris les quartiers où il y a plus d'instruction sont ceux où il y a moins de *désordres* (1).

C'est qu'il entend, comme les plus célèbres avocats, par *désordres* principaux, le vol et l'homicide, ceux des crimes qui sont le moins, générateurs de tous les autres et par

____

(1) C. Dupin.

désordres accessoires, l'orgueil, la volupté, l'erreur, ceux des crimes qui le sont le plus.

On vous a parlé de la multitude des mauvais livres : un de vos savans collègues, à la fois homme d'Etat et homme de lettres supérieur (1), a démontré, par des calculs sans réplique, que les ouvrages sur la religion, l'histoire et les sciences, c'est-à-dire tous les ouvrages *sérieux, ont augmenté* depuis les années de la liberté de la presse dans une proportion qui fait honneur à l'esprit public.

Les bons ouvrages *augmentoient* à mesure des mauvais, comme le remede s'acroît à mesure du mal.

La véritable censure, Messieurs, est celle que la liberté de la presse exerce sur les mœurs. Il y a des choses honteuses qu'on se permettroit avec le silence des journaux, et qu'on n'oseroit hasarder sous la surveillance de la presse. *Les grands scandales,* les grands forfaits dont notre histoire est remplie dans les plus hauts rangs de la société, seroient aujourd'hui *impossibles avec la liberté de la presse.*

La publicité que la presse donne à ces *grands scandales,* est le plus grand des scandales.

N'est-ce donc rien qu'une liberté qui peut prévenir l'accomplissement d'un crime, ou *qui force les chefs des empires à joindre la décence à leurs autres vertus?*

____

(1) M Daru.

En d'autres termes, c'est aux sujets qu'il a été donné de redresser, et par conséquent de *faire* et *défaire* les rois.

Tel est, Messieurs, le tableau complet des mœurs de ces siècles où la presse et la liberté de la presse étoient ignorées. Ecrasé par les faits, accablé par les preuves historiques, on est obligé de reconnoître que *toutes les accusations contre la liberté de la presse n'ont pas le plus léger fondement.*

L'accusé lui-même, ou son avocat, ne parle pas mieux a la police correctionnelle.

On reste convaincu qu'il faut chercher non dans des intérêts généraux, mais dans de *misérables intérêts particuliers, la cause d'un déchaînement* qui, autrement, seroit inexplicable.

La cause d'un autre *déchaînement* ne seroit-elle pas là un peu aussi?

Il est en effet facile d'établir les *catégories des ennemis de la liberté* de la presse, et c'est par là que je vais terminer cette seconde partie de mon discours.

Il est plus *facile* encore *d'établir les catégories* des *amis de la liberté; ce sont les amans de la puissance* (1).

Les *ennemis* (je ne dis pas les adversaires) de *la*

____

(1) Magnifique mot de M Royer-Colard, que nous lui renvoyons.

liberté de la presse sont d'abord les *hommes qui ont quelque chose à cacher* dans leur vie.

Tous les hommes, même vous et moi, ont quelque chose à cacher, et que *nul* n'a le droit de révéler.

Ensuite ceux qui désirent dérober au public leurs œuvres et leurs manœuvres, les hypocrites, les administrateurs incapables, les auteurs sifflés, les *provinciaux* dont on *rit*, les niais dont on se moque, les intrigans et les *valets de toutes les espèces.*

Valet est, après tout, le synonyme de serviteur. Voudriez-vous *rire*, et *vous moquer* de la fidélité? Pour moi, je ne pourrois pas même *rire* de l'infidélité; je ne puis que la plaindre.

La foule des médiocrités est en révolte contre la liberté de la presse.

La foule... Vous n'y pensez pas encore; car c'est le très-petit nombre qui *se révolte contre la liberté de la presse*, et la *foule* qui se passionne pour elle.

Comment? *un sot ne sera pas en sûreté!* Cette Charte est véritablement un fléau!

Un sot... Vous dites donc, comme *le méchant* de Gresset:

« Les sots sont ici-bas pour nos menus plaisirs. »

Il n'y a, selon moi, de *sot* que l'orgueilleux, et ce sot-là même doit être *en sûreté*.

Les *petites tyrannies* qui ne peuvent s'exercer à l'aise, les abus qui n'ont pas les coudées franches.

Vous pensez toujours aux *petites tyrannies*, oubliant les *grandes impatiences*, préalable des grands attentats.

Les *sociétés secrètes* qui ne peuvent parler sans qu'on les entende, la police qui n'a plus rien à faire, jettent les hauts cris contre cette maudite liberté de la presse.

Quoi! vous aussi, vous redoutez les congrégations de la sainte Vierge, et pas les *autres* sociétés secrètes!

Enfin, les censeurs en espérance s'indignent contre un ordre de choses qui *les affame;* ils battent des mains à un projet de loi qui leur promet des ouvrages à mettre au pilon, comme les entrepreneurs de funérailles se réjouissent à l'approche d'une grande mortalité.

Un véritable *censeur,* dans un véritable royaume très-chrétien, mériteroit la gloire; et vous ne lui donneriez pas du *pain!*

Restent après tous ceux-ci quelques hommes extrê-

mement honorables que des préventions, des théories,
peut-être *le souvenir de quelques outrages* non méri-
tés, rendent antipathiques à la liberté de la presse.
Je vous parlerai bientôt, Messieurs, d'une classe
d'hommes qui ne veut pas non plus de cette liberté,
parce qu'elle ne veut pas de la monarchie constitutionnelle.

Plût à Dieu que vous soyez vous-même franc
de ce *souvenir-là!*

Mais, dira-t-on, vous ne nierez pas l'existence des
petites biographies. Non! Je rappellerai seulement à
votre mémoire que ces espèces de pamphlets ont
existé *de tout temps.*

Vous avez pourtant dit perpétuellement
dans votre écrit que *la liberté* de ces pamphlets
ne datoit que de 89.

Si la monarchie avoit pu être renversée par des
chansons et des satires, *il y a long-temps qu'elle n'exis-
teroit plus.*

Aussi la monarchie n'a- t-elle jamais existé
absolument, ou, si vous l'aimez mieux, parfaitement.

*Allons-nous rendre des arrêts contre la conspiration
des épigrammes,* et ajouter gravement au code criminel
le titre des bons mots et des quolibets?

Oui, sous peine de mort. La *conspiration*

des épigrammes est celle de Voltaire : elle est la plus dangereuse.

Ce seroit une *grande misère* que de voir *l'irréligion dans un calembourg,* et la *calomnie dans un logogriphe.*

Dites *grande sagesse,* car *l'irréligion du calembourg* est de toutes les irréligions la plus perverse : elle suppose Dieu risible. La *calomnie du logogriphe* est aussi de toutes les calomnies la plus odieuse : c'est la calomnie des lâches.

Chez nos pères, les *sirventes* n'étoient, Messieurs, que des satires personnelles les plus amères. Qui ignore les écrits de la ligue? La Satire Ménippée est la biographie des députés aux états-généraux de Paris de 1593. La Fronde eut ses Mazarinades; les épouvantables Philippiques furent noblement méprisées par le régent.

Enfin n'avions-nous pas avant la révolution, *sous la protection de la censure,* ces noëls scandaleux, ces chansons calomnieuses, que répétoit toute la France? N'avions-nous pas les gazettes à la main, cette gazette ecclésiastique qui déjouoit toutes les recherches de la police? N'avions-nous pas ces mémoires secrets de Bachaumont, « amas d'absurdités, dit La Harpe, ra- » massées dans les ruisseaux, où les plus honnêtes gens » et les hommes les plus célèbres en tous genres sont » outragés et calomniés avec l'impudence et la grossiè- » reté des beaux esprits d'antichambre? »

Voilà maintenant la *censure* coupable des crimes de son adversaire, la liberté.

N'est-ce pas là, Messieurs, ces biographies dont on a voulu faire tant de bruit, et qui auroient *été oubliées* vingt-quatre heures après leur publication,

On *n'oublie* jamais absolument ce qu'on a *dévoré* (1).

Si les *tribunaux n'en avoient prolongé l'existence* par leur justice?

Ainsi, vous outragez à présent jusqu'à cette magistrature dont vous faisiez tout à l'heure l'apothéose; vous lui faites un crime de sa vertu, sauf, sans doute, à lui faire une vertu de ses fautes.

De pareils libelles sont coupables, on les doit poursuivre avec rigueur; mais il ne faut pas confondre l'ordre politique et l'ordre civil, il *ne faut pas détruire une liberté publique pour venger l'injure d'un particulier.*

Comme si la *vengeance de l'injure d'un particulier,* loin d'être la ruine, n'étoit pas le fondement de la *liberté publique!*

Je pourrois, Messieurs, déposer sur ce bureau *cinq ou six gros volumes imprimés contre moi,* sans compter autant de volumes d'articles de journaux.

Si vous comptiez dans les écrits imprimés

(1) Energique expression de M. de Villèle à la chambre des députés.

contre vous ceux qui, comme celui-ci, ne sont imprimés que contre vos erreurs, seriez-vous en droit de vous en féliciter?

Viendrai-je, moi chétif, pour l'amour de ma petite personne, vous demander en larmoyant la proscription de la première de nos libertés?

Vous demandez peut-être *pour* cet *amour*-là la liberté de la presse des journaux. Lorsque le cœur humain ne peut recevoir la louange qu'au prix de la critique, il vote la critique.

On m'aura dit que je suis un méchant écrivain, et que j'étois un mauvais ministre : si cela est vrai, quel droit aurai-je de me plaindre? Le public est-il obligé de partager la bonne opinion que je puis avoir de moi?

Arrière ces susceptibilités d'amour-propre! Fi de toutes ces vanités! Autrement, tous les personnages de Molière viendroient nous présenter des pétitions contre la liberté de la presse, depuis Trissotin jusqu'à Pourceaugnac, depuis le bon M. Tartuffe jusqu'au pauvre Georges Dandin.

Ce n'est pas tout de dire la vérité pour les autres, il faut savoir la réaliser pour soi-même.

Messieurs, vous n'êtes point des guérisseurs d'amour-propre en souffrance, des emmaillotteurs de vanités blessées, des pères de la merci, des frères de la miséricorde; vous êtes des *législateurs.*

Et c'est pour cela qu'ils doivent *donner des lois*, c'est-à-dire, imposer un frein à toutes les fausses libertés.

Pour quelques plaintes d'une gloriole choquée, pour quelques intérêts de coterie, vous ne sacrifierez point les droits de l'intelligence humaine ; pour venger quelques hommes attaqués dans de méprisables biographies, vous ne violerez pas la Charte, vous ne briserez pas le *grand ressort* du gouvernement représentatif.

Si le *ressort* des révolutions étoit aussi le *ressort d'un gouvernement représentatif*, que faudroit-il penser de ce *gouvernement*-là ?

Ce n'est *jamais* au profit de la société toute entière qu'*on* nous présente des lois : c'est toujours au profit de quelques individus. On nous parle toujours des intérêts de la religion et du trône ; et, quand on va au fond de la question, on trouve toujours que la religion et le trône n'y sont pour rien.

Ainsi *tous* les ministres, et par conséquent tous les rois, ne présentent *jamais*, et les oppositions n'attaquent *jamais* que des lois iniques.

Messieurs, quand nos arrière-neveux compteront *quatorze cents ans de lumières* et de liberté de la presse avec douze années de censure, comme nous comptons aujourd'hui quatorze siècles d'ignorance et de censure avec douze années de liberté de la presse, *le procès se pourra juger*. En attendant, il est bon d'essayer si, avec la liberté de la presse, nos enfans pourront éviter la Jacquerie, les meurtres des Armagnac et des Bourguignon, les massacres de la Saint-Barthélemi, les assassinats de Henri III, de Henri IV et de Louis XV, la corruption de la régence et du siècle qui l'a suivie, enfin les crimes révolutionnaires, crimes qui auroient été prévenus ou arrêtés, si les écrivains n'eussent été condamnés à l'échafaud, ou déportés à la Guiane.

Ces quatorze cents ans de lumières, s'ils étoient possibles, seroient quatorze cents ans d'anarchie; mais heureusement l'anarchie, c'est-à-dire, le mal élevé à sa plus haute puissance, n'est que la transition à la monarchie, qu'on peut considérer comme le bien porté à sa puissance la plus haute. S'il falloit attendre *quatorze cents ans de liberté de la presse* pour juger le procès, le procès ne seroit jamais *jugé*.

Je n'aurois jamais osé, Messieurs, entrer dans d'aussi longs développemens, si je n'avois espéré vous en abréger un peu l'ennui par l'intérêt historique. Il est plus que temps d'en venir aux autres vérités importantes dont j'ai réservé la démonstration pour la troisième partie de ce discours.

Les vérités dont je me propose maintenant, Messieurs, de vous entretenir, sont celles-ci :

La religion n'est point intéressée au projet de loi; elle n'y trouve aucun secours. L'esprit du christianisme et le caractère de l'église gallicane sont en opposition directe avec le projet de loi.

La religion n'est point intéressée! Et qui sait cela mieux qu'elle?

J'entre avec une sorte de regret dans l'examen d'un sujet religieux. Nous *autres hommes du siècle, nous pouvons faire tort à une cause sainte, en la mêlant à nos discours.*

On ne fait *tort à la cause sainte, en la mêlant à ses discours,* que lorsqu'on la dénature; et c'est ce que vous faites.

Trop souvent les foiblesses de notre vie exposent à la risée la force de nos doctrines.

Il convient en effet assez à la *cause sainte* que la *force* des discours se joigne à la *force de la vie* dans ses défenseurs.

Mais les circonstances me ramènent malgré moi sur un champ de bataille où j'ai jadis combattu presque *seul au milieu des ruines :*

La hutte *bâtie au milieu des ruines* semble en effet un monument. Votre *Génie du Christianisme,* erroné et foible, ne fut remarqué et ne fut utile que parce qu'il s'adressoit à des esprits encore foibles. L'enfant n'aime, parce qu'il ne digère que le lait; il faut du pain à l'homme.

Les ennemis de la liberté de la presse proclament des périls, et se portant défenseurs *officieux* des intérêts de l'autel, ils sollicitent des lois qu'ils disent nécessaires : nobles Pairs, vous prononcerez entre nous.

Les *défenseurs de l'autel* sont pourtant assez officiels, ce sont ses ministres.

Quelle est la position de la religion relativement à l'esprit public et relativement aux lois existantes? Examinons.

La presse a pu nuire à la religion de deux manières : ou par l'impression d'ouvrages nouveaux, ou par la réimpression d'anciens ouvrages.

Quant aux ouvrages nouveaux, l'enquête sera bientôt terminée : depuis l'établissement de la liberté de la presse il *n'a pas été publié un seul livre contre les principes essentiels de la religion.* Fut-il jamais de réponse plus péremptoire à des accusations plus hasardées?

Ici l'expression manque à la puissance de la pensée; et l'erreur, à force d'encourir le mépris, n'excite plus que l'indignation.

Quant aux réimpressions des anciens livres, le projet de loi les prévient-il? Non.

Les lois existantes suffisoient-elles pour punir ces réimpressions? Oui.

Une jurisprudence très-sage s'est établie sur ce point, *des condamnations ont été prononcées* contre de vieilles impiétés reproduites, comme si ces impiétés en étoient à leur première édition. Le projet de loi que nous discutons ne stipule rien de plus ; il n'ajoute par conséquent rien à la législation actuelle.

Quelques *condamnations ont été prononcées,* et des milliers d'oublis commis.

On se plaint de la réimpression des mauvais livres, et l'on ne fait pas attention que ces livres ont tous été écrits sous le régime de la censure. Et c'est par la censure plus ou moins déguisée, que l'on veut prévenir ce que la *censure n'a pu arrêter !*

La *censure* n'existoit donc pas, et cela est vrai.

Que peuvent au surplus toutes les mesures répressives, tous les réglemens de la police contre la circulation des anciens ouvrages?

Sous l'empire d'un Dieu, bon apparemment, et d'un Roi qui a le sentiment de sa mission et le secret de sa puissance, il ne sauroit y avoir de mal *nécessaire.*

Les bibliothèques sont saturées, les magasins de librairie encombrés *de Rousseau et de Voltaire,* le royaume en est fourni pour plus d'un demi-siècle, et au défaut de la France, la Belgique ne vous en laisseroit pas chômer. Le projet de loi n'aura d'autre effet que d'élever la valeur de ces ouvrages. Il est si bien calculé, qu'en appauvrissant les libraires par les bons

livres, il les enrichiroit par les mauvais : l'esprit en est
odieux, les résultats en seroient absurdes.

Si du moins il n'y avoit que nos bibliothèques qui fussent *saturées* de la philosophie!
et pourtant nos esprits et nos cœurs le sont bien
davantage.

On ne cesse de nous citer des *ouvrages dangereux*,
tirés à des milliers d'exemplaires, formant des millions
de feuilles d'impression. Mais d'abord tous ces ouvrages se sont-ils vendus? ils ont *ruiné* la plupart des éditeurs. Si une colère puérile contre la presse n'étoit ve-
nue réveiller la cupidité des marchands, tout demeu-
reroit enseveli dans la poussière.

Et c'est précisément parce que les nombreuses
éditions des *ouvrages dangereux* ont *ruiné leurs
éditeurs*, qu'elles sont devenues plus à la portée
de toutes les propriétés : l'écolier et l'artisan
achètent de la corruption à la livre.

Parcourez les provinces; vous aurez de la *peine à
trouver quelques exemplaires* de ces écrits dont on prétend que la France est inondée.

Comme si un volume de philosophie quelconque (et il n'y a pas un village où l'on ne
puisse en avoir plusieurs) ne suffisoit pas, et
même souvent ne servoit pas mieux qu'un grand
nombre de volumes, à corrompre un lecteur

quelconque. D'ailleurs la philosophie qui corrompt le riche, dont l'exemple corrompt le pauvre, corrompt indirectement tout le monde.

Et parmi ces milliers de mauvais livres, tout est-il mauvais? Dans les OEuvres complètes de Voltaire, par exemple, quand vous aurez retranché *une douzaine de volumes*, et c'est beaucoup, le reste ne pourroit-il pas être mis entre les mains de tout le monde?

Le meilleur volume de Voltaire et de Rousseau est le plus mauvais de tous : il mêle plus de vérité à l'erreur, et fait passer celle-ci.

Enfin ces milliers de *mauvais livres* n'ont-ils pas leur *contrepoids* dans des milliers de *bons livres?* Nos temps ont vu imprimer les OEuvres complètes des Bossuet, des Fénelon, des Massillon, des Bourdaloue qui n'avoient jamais été totalement recueillies.

Toutes choses égales, les *bons livres* sont vaincus par les *mauvais :* les uns font un appel à la vertu, qui se tait; les autres s'adressent aux passions, qui répondent.

Mais venons encore aux chiffres.

Dans les tableaux présentés par un noble pair dont j'ai déjà cité la puissante autorité, vous trouverez que, depuis le 1er novembre 1811 jusqu'au 31 décembre 1825, la librairie française a publié en textes sacrés, traductions, commentaires, liturgie, livres de prières, ca-

téchisme mystique, ascétique, etc., 159 millions 586,6{2
feuilles imprimées.

Les nombres compris sous les années de liberté de
la presse, c'est-à-dire, depuis 1822 jusqu'à 1825, ont
été toujours croissant; de manière qu'en 1821, vous
trouvez 7 millions 998,857 feuilles; en 1822, 9 millions 21,852; en 1823, 10 millions 361,297; en 1824,
10 millions 976,179, et en 1825, 13 millions 230,620
feuilles. Est-ce là, Messieurs, un siècle impie, et *la
liberté de la presse a-t-elle arrêté le mouvement de l'esprit religieux?*

Non, sans doute; elle le précipite. C'est le
mal, devenu plus grand, qui donne lieu à une
plus grande recherche, à un emploi plus grand
du remède. Vous le voyez, il ne vous est pas
donné de faire à la *cause sainte* une objection
qui ne la défende.

Passons à d'autres calculs.

Depuis le 27 avril 1822 jusqu'au 6 mars 1827, quatre-vingt-trois causes pour délits de la presse, comme
je l'ai déjà dit, ont été portées devant la cour royale
de Paris; de ces quatre-vingt-trois causes, il faut retrancher treize acquittemens et trois causes non jugées,
ce qui réduit le tout à soixante-neuf délits réels, lesquels ont amené soixante-neuf condamnations. Si l'on
contestoit l'exactitude rigoureuse de ce chiffre, deux
ou trois causes de plus ou de moins ne font rien à l'affaire. Divisez maintenant ces soixante-neuf condamnations par les années où elles ont eu lieu, c'est-à-dire

par cinq, depuis le mois d'avril 1822 jusqu'au mois de mars 1827, vous trouverez à peu près *quatorze délits par année.* Ce résultat vous force d'abord à convenir que les délits littéraires se réduisent à bien peu de chose; que *ces désordres de la presse sont bien peu nombreux, comparés aux autres désordres réprimés par les tribunaux.*

Ne distinguerez-vous jamais les désordres commis des désordres jugés? Ceux-ci se comptent, les autres sont innombrables. Nous nous permettrons à cet égard une réflexion que nous livrons à la bonne foi de M. de Châteaubriand. La corruption la plus grande n'est pas la corruption matérielle, mais la corruption morale. Le grand péché de notre siècle et de notre pays n'est pas précisément le meurtre, le vol, l'outrage, les crimes positifs et directs proprement dits, ce sont les crimes moraux et indirects. Nous ne tuons pas notre prochain avec un poignard, mais nous le tourmentons par nos envies, par nos médisances, par nos calomnies. Nous n'escaladons pas sa maison pour lui ravir son argent, mais nous le ruinons par nos supercheries. Loin de l'outrager, nous le séduisons par nos paroles. Quelquefois, loin de le corrompre à son corps défendant, nous le dé-

pravons, à sa grande satisfaction. Nous n'en voulons pas précisément à nos semblables, nous en
voulons à nos supérieurs. Notre dégradation
enfin est moins une dégradation de chair qu'une
dégradation de cœur. Elle est moins une perversité d'action qu'une perversité d'esprit. Que peuvent, en cette matière, les recherches de la police
et la justice des cours d'assises, et que prouvent
les statistiques de la chancellerie ?

Par exemple, dans le compte général déjà cité de
l'administration de la justice criminelle pendant l'année 1825, on trouve que les cours d'assises ont jugé
5653 accusations : sous le titre de diffamations et injures, on remarque 3140 prévenus, et le travail de M. le
ministre de la justice ne donne pour toute la France,
dans cette année 1825, que vingt-sept délits de la
presse, deux dans les départemens, vingt-cinq à Paris.
Ainsi, sur trois mille cent quarante prévenus de diffamations et d'injures commises par toutes sortes de voies,
vingt-sept délinquans seulement se sont servis du moyen
de la presse, en supposant encore que les vingt-sept causes relatives à la presse fussent toutes des causes de diffamations et d'injures. Or, comme en 1825, d'après les
calculs de M. le comte Daru, on a tiré 128 millions
10,483 feuilles d'ouvrages, et 21 millions 660,000 feuilles
de journaux, il en résulte qu'il n'y a eu que vingt-
sept délits produits par 149 millions 670,483 feuilles
d'impression.

7

Maintenant, si vous remarquez que, sur une population de 3o millions 5o4,ooo, il y a eu, en 1825,
quatre mille cinq cent quatre-vingt-quatorze senten-
ciés par les cours d'assises, cela fait un coupable sur à
peu près six mille individus, tandis que les vingt-
sept publications répréhensibles sur les 149 millions
670,483 feuilles imprimées dans l'année 1825, n'arrivent qu'à la proportion d'environ *un écrit condamné
sur 5oo millions 543,351 feuilles publiées.*

Voilà pourquoi vous avez tort.

Quand vous ajouteriez la répression des contraven-
tions et délits par les tribunaux correctionnels et les
tribunaux de simple police, vous multiplieriez le nombre des repris de justice pour toutes sortes de faits, sans
augmenter celui des accusés pour délits de la presse ;
mon argument n'en seroit que plus concluant.

Dans ce *peu de délits commis par la presse* en général, cherchons à présent la part de la religion. Sur
soixante-neuf condamnations pour affaire de la presse,
à la Cour royale de Paris, dans les cinq dernières années, *treize seulement sont relatives à des outrages
envers la religion et ses ministres.* Il est essentiel d'observer que pas une seule de ces condamnations n'a été
prononcée en récidive.

Treize divisés par cinq ne donnent pas un quotient
de trois condamnations pour délits religieux, et *voilà
néanmoins ce qu'on appelle un débordement d'impiété !*

Vaincu, vous vous croyez triomphant !

Les adversaires de la liberté de la presse en seroient-ils réduits, pour justifier leur système, à désirer que les preuves judiciaires d'une impiété prétendue fussent plus multipliées? *Quels seroient les meilleurs chrétiens, de ceux qui se réjouiroient de trouver si peu de coupables, ou de ceux qui s'affligeroient de rencontrer tant d'innocens?*

Ce n'est pas de *rencontrer tant d'innocens* que *nous nous affligeons,* mais de vous voir les confondre avec les coupables.

Quand l'orgueil de l'homme est soulevé, il devient impitoyable : s'il a placé son triomphe dans la supposition de la dépravation des mœurs, il ne voudra pas en avoir le démenti : on l'a vu quelquefois, lorsqu'il y avoit disette de mauvaises actions, inventer des prévaricateurs avec des lois, en *donnant le nom de crime à la vertu.*

Vous avez tracé les caractères et les effets de l'orgueil, vous ne vous êtes trompé que sur son application.

Ainsi, Messieurs, depuis l'établissement de la liberté de la presse, *pas un seul nouveau livre n'a été écrit contre les principes* fondamentaux de notre foi.

La plupart des *livres nouveaux* attaquent tous *les principes fondamentaux de la foi* catholique. Il n'y a pas un seul *livre nouveau* peut-être qui n'attaque au moins quelques-uns de ces *principes* : c'est encore les attaquer tous.

Ainsi, depuis le règne de cette liberté, les ouvrages pieux se sont multipliés à l'infini; ainsi, *la Cour royale de Paris n'a eu à juger par an que trois délits peu graves en matière religieuse;* elle n'a fait grâce à aucun, *et elle les a sévèrement punis.*

C'est qu'alors une Cour royale, n'apprenant pas, peut très-bien ignorer ce qui constitue les *matières religieuses.*

Les faits rétablis, la position de la religion reconnue, voyons, puisque cette religion n'a réellement à se plaindre ni de l'esprit public, ni de la foiblesse des anciennes lois, ni de la justice des tribunaux, voyons si elle a à se louer du nouveau projet de loi.

Je demande d'abord si ce projet peut être approuvé par la morale chrétienne? Ne favorise-t-il pas la fraude? ne détruit-il pas des engagemens contractés sous l'empire d'une autre loi, sous la garantie des autorités compétentes, sous la sauvegarde de la bonne foi publique? *n'envahit-il pas la propriété*, en imposant à cette propriété des conditions autres que celles qui lui furent d'abord prescrites?

Et si la *propriété* civile a envahi la *propriété* politique!

L'effet de ce projet n'est-il pas *rétroactif?* Dans ce

cas, le premier principe de la justice n'est-il pas ou-
vertement méconnu? Que ce projet, s'il doit devenir
loi, s'applique à la propriété littéraire à naître, au
moins la probité naturelle n'en sera pas blessée; mais
qu'il soit exécutoire pour la propriété littéraire déjà
existante en vertu d'autres lois, c'est renverser les fondemens du droit, c'est violer patemment l'article 9 de
la Charte qui dit : *Toutes les propriétés sont inviolables
sans aucune exception.*

Et si le crime *rétroagit,* pourquoi la loi qui
doit l'atteindre ne *rétroagiroit-elle* pas aussi?

Si un homme se présentoit au tribunal de la pénitence, en manifestant ce penchant au dol et à la fraude
que l'on trouve dans les articles du projet, la main qui
lie et qui délie se lèveroit-elle pour l'absoudre? *Je
crois trop aux vertus de nos prêtres,* pour penser jamais
qu'ils pussent approuver dans le sanctuaire des lois humaines, ce qu'ils repousseroient au tribunal des lois
divines.

Vous *croyez à la vertu des prêtres!* croyez
donc aussi à leurs lumières : or ils défendent ce
que vous attaquez.

Cette loi, d'ailleurs, atteint-elle le but auquel le
clergé pouvoit aspirer? Met-elle à l'abri la religion,
cette loi où le *mot de religion n'est pas même prononcé?*

Il suffiroit que *la chose* fût dans la loi.

Attaque-t-elle l'impiété dans sa source? Ose-t-elle dire

franchement que telle chose est défendue, cette loi de
ruse et d'astuce, qui n'ose être forte parce qu'elle se
sent injuste? Que prévient-elle? qu'empêche-t-elle?
Rien. Elle ne tue, elle n'immole que la liberté de la
presse, et ne met aucun *frein* à la licence.

Alors demandez-le, ce *frein !* au lieu de cela,
vous demandez la liberté.

*Et depuis quand le clergé seroit-il l'ennemi des libertés
publiques?*

Le clergé est l'ami des *libertés publiques*
vertueuses.

N'est-ce pas au sein de ces libertés, souvent par lui
protégées, qu'il a jadis trouvé son pouvoir? Si, dans
cette noble chambre, on voyoit de respectables prélats élever la voix contre un loi antisociale; s'ils la
repoussoient en vertu du même principe qui déter-
mina leurs prédécesseurs à sauver les lettres et les arts
du naufrage de la barbarie, on ne sauroit dire à quel
degré de force et de vénération le clergé parviendroit
en France : toutes les calomnies tomberoient. Eh ! *qu'y
auroit-il de plus beau, que la parole de Dieu réclamant
la liberté de la parole humaine?*

Ajoutez *vertueuse*, et de plus hideux que *la
parole de Dieu réclamant la liberté de la parole humaine criminelle?*

Il existe, Messieurs, un monument précieux de la
raison de la France : ce sont les cahiers des députés

(103)

des trois ordres aux Etats-généraux, en 1789. Ces cahiers forment un recueil de soixante-six volumes in-folio, dont l'impression seroit bien à désirer pour l'honneur de notre pays. Là se trouvent consignés, avec une connoissance profonde des choses, tous les besoins de la France; de sorte que, si l'on avoit exactement suivi les instructions des cahiers, *on auroit obtenu ce que nous avons acquis par la révolution, moins les crimes révolutionnaires.*

La vertu est essentiellement patiente; le vrai bien et la vraie liberté ne se demandent pas, ils *s'octroient;* et nous n'avons rien *acquis par la révolution,* pas même une leçon.

Le clergé se distingue principalement par ses instructions : celles qui ont pour objet la législation criminelle, civile et administrative, sont des *chefs-d'œuvre.* Il provoque l'établissement des Etats provinciaux; il désire la réintégration des villes et des communes dans le droit de choisir librement leurs préposés municipaux; il sollicite la création des justices de paix, l'abolition des tribunaux d'exception, et l'amélioration du régime des prisons, « afin, dit-il, que ces prisons » ne soient plus un séjour d'horreur et d'infection. »

C'est en général le petit *clergé* qui a fait ces *chefs-d'œuvre*-là. Le grand *clergé* a des chefs-d'œuvre d'un autre genre : ses Mandemens prophétiques de la révolution et de ses causes, par exemple.

En grande politique, le clergé ne montre pas moins d'élévation et de génie : *ce fut lui qui pressa la convocation des États-généraux de 1789.*

Si cela étoit, cela seroit une faute.

Le clergé de Reims, l'archevêque à sa tête, demanda un code national contenant les lois fondamentales, le retour périodique des États-généraux, le *vote libre* de l'impôt,

, La *liberté du vote* suppose pourtant celle du refus.

La liberté de chaque citoyen, l'inviolabilité de la propriété, la *responsabilité des ministres*, la faculté, pour tous les citoyens, de parvenir aux emplois, la rédaction d'un nouveau code civil et militaire, l'uniformité des poids et mesures, et enfin une loi contre la traite des nègres. Les autres cahiers du clergé sont plus *ou moins* conformes à ces sentimens.

La *responsabilité des ministres* suppose, dans le fonds, la responsabilité des rois.

Dans la *question de la liberté de la presse, la noblesse et le tiers-état sont unanimes.*

C'est que *la noblesse* étoit devenue *tiers-état:*

Ils réclament cette liberté avec des lois restrictives. Quant au clergé, il expose *d'abord* les dangers de la licence des écrits,

D'abord! il alloit droit au fait.

Puis venant à la question de fait, sur 175 sénéchaussées, duchés, bailliages, villes, provinces, vicomtés, principautés, prévôtés, diocèses et évêchés formant 244 réunions ecclésiastiques, 134 se déclarent pour la liberté entière de la presse, *une centaine signalent les abus* qu'on peut faire de cette liberté, sans indiquer de moyens précis de répression, et quelques-unes demandent la censure.

Aujourd'hui, éclairées par l'expérience, *les 244 réunions*, comme les 80 évêques de l'église gallicane, *signaleroient* à l'unanimité *les abus* de la presse.

Ceux qui s'opposent aujourd'hui avec le plus de vivacité au projet de loi du ministère, parlent-ils de la liberté dans des termes plus forts, plus explicites que ceux du clergé en 1789? Cependant, à l'époque où le clergé montroit tant d'indépendance et de *générosité,*

La *générosité,* vertu dans l'homme, est faute dans le citoyen; elle est crime dans l'homme d'Etat : c'est un déni de justice.

N'avoit-il pas été insulté, calomnié pendant cinquante ans par les encyclopédistes?

Et pourtant vous nous avez dit cent fois que nous n'avions eu que 12 *ans sur* 14 *siècles* de liberté de tout dire! Il faut ici le dire: pour détruire de fond en comble tous vos écrits, et surtout

votre présent discours, il suffiroit de vos incon-
séquences.

N'avoit-il pas été accablé des plaisanteries de Voltaire, au point qu'on n'osoit plus paroître religieux,
de peur de paroître ridicule? Qui plus que les prêtres
avoient le droit de s'élever alors contre la presse, de
se plaindre de l'ingratitude de ces lettres dont ils
avoient été les nourriciers et les protecteurs? Eh bien !
que fait le clergé? Il se venge; et comment? En deman-
dant la liberté de la presse, en opposant cette liberté
à la licence. *Il ne craint rien pour les vérités religieuses,
parce qu'elles sont impérissables;*

Sans doute, mais à la charge de veiller sur
elles.

Il ne craint point une lutte publique entre la religion et l'impiété.

Oui, mais pourvu que la justice soit au milieu.

Quant aux membres du sacerdoce, il semble leur
dire : « *Défendez-vous par votre vertu;* les imputa-
tions de vos ennemis se détruiront d'elles-mêmes, si
elles sont fausses; si elles sont véritables, il n'est pas
bon que tout un peuple soit privé de la plus précieuse
de ses libertés pour dissimuler vos fautes et pour cacher
vos erreurs. »

Le prêtre ne doit en effet *se défendre que
par sa vertu :* à d'autres le soin de le défendre
différemment.

Et l'on voudroit nous dire aujourd'hui que le clergé demande l'anéantissement de cette liberté, lorsque les écrits dont il avoit tant à gémir en 1789 *ont perdu leur vogue et leur puissance, lorsque l'impiété n'est plus de mode, lorsque tout le monde sent la nécessité d'une religion* aussi tolérante dans sa morale qu'elle est sublime dans ses dogmes, lorsqu'un siècle sérieux a succédé à un siècle frivole !

Si les écrits dangereux *ont perdu leur puissance*, pourquoi donc vous passionnez-vous si fort pour eux ?

Le clergé actuel, sous la sauvegarde des persécutions qu'il a éprouvées, se croit-il plus vulnérable aux coups de la liberté de la presse que dans les temps où il demandoit cette liberté, que dans les temps où sa prospérité et ses richesses le rendoient un objet de convoitise et d'envie ? *Rajeunie par l'adversité, l'Église a retrouvé sa force* en touchant le sein de sa mère.

Et l'enfer la sienne, *rajeuni* par la victoire.

Les livres ont pu quelque chose contre des dignitaires ecclésiastiques possesseurs d'immenses revenus ; ils ne peuvent rien contre des vicaires à 250 fr. de salaire ;

Ils *peuvent* davantage : le prêtre, comme le laïc, n'est riche que de ce qu'il donne ; il est pauvre de ce qu'il reçoit.

Contre des hommes nus qui, pour toute réponse

aux insultes, *peuvent montrer les cicatrices de leur mar-
tyre.*

Ils eussent *montré* en vain leurs vieilles *cicatrices,* car ils en ont reçu à Rouen, etc. de nouvelles.

*Le christianisme, Messieurs, est au-dessus de la ca-
lomnie.*

Le *christianisme,* oui; le chrétien, non.

Il ne cherche point l'obscurité ; il n'a pas besoin de
pactiser avec l'ignorance. Craindre pour lui la liberté
de la presse, c'est lui faire injure, c'est n'avoir aucune
idée de sa grandeur, c'est méconnoître sa divine puissance. *Il a civilisé la terre, il a détruit l'esclavage ;* il ne
prétend point faire rétrograder aujourd'hui la société :
il ne tombe point dans une contradiction si déplorable.

Il a civilisé la terre, etc.! par sa liberté de
dire la vérité, et conséquemment par l'interdiction, de la part des gouvernemens, de la liberté
contraire.

*Notre religion a été fondée et défendue par le libre
exercice de la pensée* et de la parole.

Comme *la religion de nos adversaires* a été
et sera encore *fondée et défendue par le libre
exercice* de leur *pensée* et de leur *parole.*

Quand les apôtres envoyoient aux Gentils leurs Epî-
tres, n'usoient-ils pas de la liberté d'écrire contre le
culte romain, et en violant même la loi romaine? *Paul*

ne fut-il pas traduit au tribunal de Félix et de Festus, *pour rendre compte de ses discours ?* Festus ne s'écria-t-il pas : « Vous êtes insensé, Paul ! votre grand savoir vous met hors de sens? »

Preuve du droit de censure, inhérent à toute espèce d'autorité politique.

Dans les fastes de la société chrétienne, c'est là le *premier jugement rendu contre la liberté de la pensée;* Paul étoit insensé parce qu'il annonçoit à Athènes le Dieu inconnu, parce qu'il prêchoit contre ces hommes *qui retiennent la vérité de Dieu dans l'injustice.* Les actes des martyrs ne sont que le recueil des procès intentés au ciel par la terre, le catalogue des condamnations prononcées contre la liberté de la pensée et de la conscience.

La liberté de la presse sera toujours, en effet, *jugée* par l'autorité. Mais quoi! vous comparez saint Paul prêchant Jésus crucifié, vous le comparez aux écrivains éhontés qui prêchent l'athéisme, et vous demandez ainsi, pour les ennemis de l'Église, la même liberté que vous auriez désirée pour le plus illustre de ses apôtres! y avez-vous pensé?

Plus tard, le christianisme brilla au sein des académies de l'antiquité : ce fut *par ses ouvrages qu'il vainquit les sophistes* dans les écoles d'Alexandrie, d'Antioche et d'Athènes.

En même temps que Constantin triomphoit de ses propres ennemis d'une autre façon.

L'Eglise a dû ses victoires autant à *la plume* de ses docteurs qu'à la plume de ses martyrs.

Toute seule, la *plume* ou la parole chrétienne ne sauroit suffire : elle fait un appel à l'amortissement de nos passions, auquel, encore une fois, nous ne sommes pas disposés à prêter l'oreille.

La religion obéissant à l'ordre du maître, *docete omnes gentes;* la religion qui a fondé presque tous les collèges, les universités et les bibliothèques de l'Europe, repousse naturellement des lois qui renverseroient son ouvrage. *Rome chrétienne,* qui recueillit les savans fugitifs, qui acheta au poids de l'or les manuscrits des anciens, *ne demande pas la proscription de la pensée.*

Elle ne demande que la *proscription de la pensée* criminelle.

Le christianisme est la raison universelle : il s'est accru avec les lumières; il *continuera* à verser aux générations futures des vérités intarissables.

Mais grâces aux rois seulement.

De tout ce qui a existé dans l'ancienne société, lui seul n'a point péri ; il n'a aucun intérêt à ressusciter ce qui n'est plus ; sa vie est l'espérance ; ses mœurs ne sont ni d'un siècle, ni d'un autre; elles sont de tous les siècles. Il parle toutes les langues ; il est simple avec les peuples sauvages ; il est savant et éclairé avec les peuples policés ; il a converti le pâtre armé de la Scythie, et couronné le Tasse au Capitole. Il marche en portant deux livres ; l'un qui nous raconte notre origine immortelle ; l'autre qui nous révèle nos fins également immortelles.

Comme vous ne précisez jamais, on ne sait guère ce que vous voulez dire dans ce tableau. En somme, tout ce qu'il y a de vrai, de bien, de beau, de durable dans le monde est le fait du christianisme ; et ce qu'il y a de faux, de mal, de hideux, d'éphémère, et notamment la liberté absolue de la presse, est le fait de ses adversaires.

Il sait tout; il comprend tout ; il se soumet à toutes les autorités établies.

Il sait surtout que la parole ou l'écriture est la cause du bien ou du mal, selon qu'elle exprime la vérité ou l'erreur.

Il n'appartient de préférence à aucune politique, parce qu'il *est pour toutes les sociétés :*

Il redresse les mauvaises sociétés : c'est être en effet *pour elles.*

Républicain en Amérique, monarchique en France,

ne ranime – t – il pas aujourd'hui même la poussière de Sparte et d'Athènes ? Il a soufflé sur des ossemens arides : d'illustres morts se sont levés. Ce seroit au nom de la religion, que l'on prétendroit enchaîner la France, au moment où *cette religion brise avec sa croix les chaînes* des églises de saint Paul !

L'esclave *chrétien* ne *brise* jamais directement ses chaînes : c'est sa longanimité qui force son tyran à les lui *briser*.

Au moment où *ses mains divines déterrent dans les champs de Marathon la statue de la liberté,* pour transformer en patronne chrétienne l'ancienne idole de la Grèce !

La liberté des enfans de Dieu, c'est la liberté qui naît de l'obéissance même au despotisme : est-ce la liberté que vous voulez dire ?

J'aurài le courage de le dire au clergé, parce qu'en combattant pour lui, *j'ai acquis des droits à lui parler avec sincérité.*

Sous la condition de lui parler juste.

Avec la Charte, les ministres de l'autel *peuvent tout;* sans la Charte, ils ne peuvent rien.

Les ministres de l'autel ne demandent pas de *tout pouvoir,* ils n'aspirent qu'à *pouvoir* dire la vérité : il est vrai que *tout c'est pouvoir!*

Défenseurs des libertés publiques, ils sont les plus forts des hommes, car ils réunissent la double *autorité de la terre et du ciel;* ennemis des libertés publiques, ils sont les plus foibles des hommes : s'il *étoit jamais possible que les temples se refermassent, ils ne se rouvriroient plus.*

Cela est vrai, et, ce qui n'est pas moins vrai, c'est que vous en seriez, malgré vous, en grande partie la cause!!!

Je viens enfin, Messieurs, à la dernière partie de ce discours.

La quatrième vérité que je me propose de prouver est celle-ci : La loi n'est point de ce siècle, elle n'est point applicable à l'état actuel de la société.

Les sociétés, Messieurs, *sont soumises à une marche graduelle :* cette vérité de fait peut irriter; mais elle n'en est pas moins incontestable.

Et c'est précisément parce que *les sociétés marchent* que les gouvernemens doivent aussi *marcher.* Seulement, et même vous le dites sans y penser, les *sociétés sont soumises* à leur marche, et les gouvernemens doivent *imposer* la leur.

Les peuples, par les progrès de la civilisation, ont maintenant un lien commun, et *influent les uns sur les autres.*

Et notamment la France, par ses doctrines, sur tout l'univers. « Les démocrates de France, » avez-vous dit dans le *Conservateur,* prépa- » roient un mouvement en Espagne; ils y fai- » soient entrer en fraude les livres impies et les » brochures séditieuses, comme on fait marcher » des sapeurs à la tête d'une armée pour tout » battre. »

Il y a deux mouvemens dans la société : le mouvement particulier d'une société particulière, et le mouvement général des sociétés générales, lequel mouvement commun entraîne chaque société séparée. Ainsi le monde moral reproduit une des lois du monde physique : l'homme ne se peut plaindre de retrouver quelque chose de ses destinées dans ce *bel ordre de l'univers arrangé par la main de Dieu.*

Et dérangé par la vôtre.

Il faut beaucoup de siècles pour mûrir les choses, pour amener un changement essentiel dans les sociétés. Quatre ou cinq *grandes révolutions intellectuelles composent jusqu'à présent l'histoire* toute entière du genre humain.

Révolutions intellectuelles! mot aussi profondément vrai que naïvement exprimé. C'est *l'intelligence,* en effet, qui détruit ou qui édifie; c'est la cause de toutes les *révolutions* passées et de la *révolution* future. *Les vertus de la presse sont génératrices de toutes les autres vertus,* comme les crimes de la presse sont générateurs de tous les autres crimes.

Nous étions destinés, Messieurs, à assister à l'une de ces révolutions.

Et à en préparer une autre !

Cette chambre renferme plusieurs hommes de mon âge : nous sommes nés précisément à l'époque où le travail lent et graduel des siècles s'est manifesté. Les premiers troubles de l'Amérique septentrionale éclatèrent en 1765; de 1765 à 1827 il y a 62 ans. J'ai vu Washington et Louis XVIII : *la république représentative est restée à l'Amérique avec le nom de Washington, la monarchie représentative à l'Europe continentale avec le nom de Louis XVIII.* Entre Washington et Louis XVIII se viennent placer Robespierre et Buonaparte, les deux termes exorbitans, dans l'anarchie et le despotisme, d'une révolution dont le terme juste devoit fixer la société.

Il y a encore là un fonds d'erreur; mais, comme il est voilé, je le laisse.

Car les sérieuses discordes chez un peuple prennent leur source dans *une vérité quelconque qui survit* à ces discordes : souvent cette vérité est enveloppée à son apparition dans des paroles sauvages et des actions atroces.

La vérité qui survit, c'est la puissance de la parole et de la presse, et par conséquent le devoir impérieux pour les écrivains de la faire sentir, et pour les gouvernemens de la détruire, s'ils ne veulent être détruits par elle.

Mais le *fait* politique ou moral qui reste d'une révolution, est toute cette révolution.

Voilà le *fait,* mais le *droit...*

Quel est ce *fait* dévolu aux deux mondes après cinquante ans de guerre civile et étrangère? Ce fait est la liberté, républicaine pour l'Amérique, monarchique pour l'Europe continentale. On sait aujourd'hui que la liberté peut exister dans toutes les formes de gouvernement. La *liberté ne vient point du peuple, ne vient point du roi;* elle ne sort point du droit politique, mais du droit de nature, ou plutôt du *droit divin.*

Il faut toujours distinguer, et vous ne distinguez jamais. La *liberté* légitime seule est de *droit divin,* comme le pouvoir. La *liberté* illégitime, la fausse liberté, vient *du peuple,* et trop souvent (j'allois dire et *par conséquent*) des rois.

Elle émane de Dieu qui livra l'homme à son franc arbitre, de *Dieu qui ne mit point de condition à la parole,* lorsqu'il donna la parole à l'homme;

Dire que *Dieu n'a pas mis de condition à la*

parole, c'est aussi impie, ou du moins aussi faux, que si vous disiez que Dieu *n'a pas mis de con-dition à la conduite.*

Laissant aux lois le pouvoir de punir cette parole, quand elle faillit, mais non de l'étouffer.

Vous avez beau dire, le *pouvoir de punir* la parole criminelle emportera toujours le droit de *l'étouffer.*

A peine un demi-siècle a suffi pour établir dans le nouveau et dans l'ancien monde ce principe de liberté. Le *passé a lutté contre l'avenir;* les intérêts divers, en se combattant, ont multiplié les ruines ; le *passé a succombé.* Il *n'est plus au pouvoir de personne de relever ce qui gît maintenant dans la poudre.* Si la liberté avoit pu périr en France, elle eût été ensevelie dans l'anarchie démocratique ou dans le despotisme militaire. Mais *le temps* ne se laisse enchaîner ni aux échafauds des révolutionnaires, ni au char des triomphateurs; il brise les uns et les autres; il ne s'assied point aux spectacles du crime ; il ne s'arrête pas davantage pour admirer la gloire : il s'en sert et *passe outre.*

Voilà pourquoi votre plume n'est pas muette. Un *passé* qui *lutte contre l'avenir,...* un je ne sais quoi qui est *dans la poudre,* un temps *qui passe outre...* C'est M. de Châtaubriand tout entier.

Pourquoi *la république* française ne s'est-elle pas constituée? C'est qu'elle a trahi le principe de la révolution générale, la liberté. Pourquoi *l'empire a-t-il été détruit?* C'est qu'il n'a pas voulu lui-même cette liberté. Pourquoi *la monarchie* légitime s'est-elle *rétablie?* C'est qu'elle s'est portée, avec tous ses autres droits, pour héritière de cette liberté.

Les pouvoirs, légitimes ou illégitimes, ne sauroient en effet périr, et par conséquent se rétablir, que par la liberté de la pensée ou de la presse, qui mène droit à la liberté des actions.

Dans les révolutions dont le principe doit subsister, *il naît presque toujours un individu de la capacité et du génie nécessaires à l'accomplissement de ces révolutions,* un personnage qui représente les choses, et qui est l'exécuteur de l'arrêt des siècles. Il se montre d'abord invincible, comme les idées nouvelles dont il est le champion; mais l'ambition lui est menée par la victoire. Il réussit à s'emparer du pouvoir, et tout à coup il est étonné de ne plus retrouver sa force : c'est qu'il s'est séparé de son principe. Ce géant qui ébranloit le monde succombe, au fond de son palais, dans des frayeurs pusillanimes; ou bien, captif de ceux qu'il avoit vaincus, il expire sur un rocher, au bout du monde.

Si un individu a tant de puissance, *un* premier ministre, et surtout *un* roi n'en auroient·

ils point? et si les tyrans ont tant de puissance pour détruire, la légiti mité n'en auroit-elle point pour élever?

Telles furent les destinées de Cromwel et de Buonaparte, *pour avoir renié la liberté* dont ils étoient sortis.

C'est, au contraire, pour s'être mis, par leurs défaites, hors d'état de continuer de la *renier*.

Louis XVIII, après vingt ans d'exil, est rentré dans la demeure de ses pères : objet de la vénération publique, il est *mort en paix,* plein de gloire et de jours, pour avoir recueilli cette *liberté* à laquelle il ne devoit rien ; mais qu'il vous a *laissée généreusement,* comme la fille adoptive de sa sagesse, et la réparatrice de vos malheurs.

Louis XVIII est mort en paix, léguant la censure, ou du moins l'exemple de la censure au *continuateur* de son règne, au lieu de *laisser généreusement* la liberté à ses adversaires.

Le principe pour lequel, depuis soixante ans, les hommes ont été agités dans les deux mondes, s'étant enfin fixé, il en est résulté que la société s'est coordonnée à ce principe : *il a pénétré toutes nos institutions.*

Aussi a-t-on à le retirer de *toutes.*

Les lois, les mœurs, les usages ont graduellement

changé : on n'a plus considéré les objets de la même manière, parce que le point de vue n'étoit plus le même. Des préjugés se sont évanouis; des *besoins jusqu'alors inconnus se sont fait sentir.*

Les hommes n'ont jamais eu *besoin* que de devoirs; et le devoir de ne dire et de ne publier que la vérité, telle que le christianisme l'a faite, est le premier de ces devoirs.

Des idées d'une *autre* espèce se sont développées.

L'homme, dans le fond, n'ayant changé jamais, comment ses *idées* auroient-elles changé?

Il s'est établi d'autres rapports entre les membres de la famille privée et les membres de la famille générale. Les gouvernans et les gouvernés ont passé un autre *contrat;* il a fallu créer un nouveau langage pour plusieurs parties de l'économie sociale.

Quoi! vous revoilà au *Contrat social!*

Nos enfans n'ont plus nos sentimens, nos goûts, nos habitudes : leurs pensées prennent ailleurs leurs racines.

Les *enfans* ne dégénèrent jamais, que les pères n'aient dégénéré aussi.

Toutefois, Messieurs, les générations contemporaines ne meurent pas exactement le même jour : au milieu de la race nouvelle, il reste *des hommes du siècle écoulé* qui crient que tout est perdu, parce que la société à laquelle ils appartenoient a fini autour d'eux, sans qu'ils s'en soient aperçus. Ils s'obstinent à ne pas croire à cette disparition ; toujours jugeant le présent par le passé, ils appliquent à ce présent des maximes d'un autre âge, se persuadant toujours qu'on peut faire renaître ce qui n'est plus.

Des hommes du siècle écoulé!.. En d'autres termes les *vieillards*, qui pourtant *savent* d'ordinaire. Mais le fait est que les hommes *qui crient que tout est perdu* (si pourtant on n'y pense) sont la plupart des jeunes hommes.

A ces hommes qui surnagent sur l'abîme du temps, viennent se réunir (avec les adversaires de la liberté de la presse dont je vous ai déjà parlé) quelques individus de diverses sortes : *des ambitieux* qui s'imaginent découvrir dans des institutions tombées en vétusté, un pouvoir nouveau près d'éclore;

Si vous avez le droit d'accuser *d'ambition*, c'est-à-dire, d'une chose de sa nature cachée, vos adversaires, ils ont aussi le droit de vous en accuser.

Des *jeunes gens simples ou zélés qui croient défendre*, en rétrogadant, l'antique religion et les vénérables traditions de leurs pères;

Les jeunes gens *simples* sauroient-ils moins la vérité, et auroient-ils moins de talent que les jeunes gens prétentieux?

Des *personnes encore effrayées des souvenirs de la révolution ;*

Ainsi, grand Dieu, vous n'en êtes pas *effrayé* vous-même!

Enfin des *ennemis secrets du pouvoir existant,* qui, témoins joyeux des fautes commises, abondent dans le sens de ces fautes, pour amener une catastrophe.

Après tout, j'aime mieux, pour le *pouvoir existant,* des *ennemis* votant extérieurement avec ses amis, que de prétendus *amis* votant avec ses adversaires notoires.

Quelquefois des chefs se présentent pour conduire ces demeurans d'un autre âge : ce sont des hommes de talent, mais qui aiment à sortir de la foule; ils se mettent à prêcher le passé à la tête d'un petit troupeau de survivanciers : *le paradoxe les amuse.*

Ceux que le *paradoxe* amuse sont supérieurs, en talent du moins, à ceux qui sont dupes du *paradoxe.*

Ces esprits distingués qui arrivent trop tard, et après le siècle où ils auroient dû paroître, n'entraînent point les générations nouvelles ; *ils ne pourroient être compris que des morts ; or, ce public est silencieux, et l'on n'applaudit point dans la tombe.*

L'écrivain religieux ou politique qui rit, se réfute. Il se réfute mieux encore, lorsqu'il croit avoir besoin d'apprendre à ses lecteurs que le *public des morts est silencieux,* et, qu'une fois mort, on *n'applaudit* plus.

Si un gouvernement a le malheur de prêter l'oreille à ces *solitaires,* s'il a le plus grand malheur de les regarder *comme la nation,* de prendre pour la voix d'un public vivant la voix d'une société expirante, il tombera dans les plus étranges erreurs. C'est, Messieurs, ce qui est arrivé à l'égard du projet de loi que j'examine; il est dicté par un esprit qui n'est point l'esprit du siècle. Ces hommes d'autrefois, qui, toujours les yeux attachés sur le passé et le dos tourné à l'avenir, marchent à reculons vers cette avenir, ces hommes voient tout dans une illusion complète. Ecoutez-les parler des anciens livres : ils y aperçoivent toujours les dangers qu'on y pouvoit trouver il y a quarante ans.

Pourtant c'est un adage que les voix se pèsent et ne se comptent pas. Vous avez parlé de certains *solitaires : d'autres* solitaires seroient-ils plus *la nation ?*

Et qu'importent cependant les plaisanteries de Voltaire

contre les couvens de religieux, dans un pays qui n'ad-
met plus de communautés d'hommes ?

Ainsi vous *croyez* que Voltaire a soigneuse-
ment distingué le sexe des religieux, dans ses
plaisanteries contre les religieux !

Elles ne rendront aujourd'hui personne impie,

Oui, dans les personnes qui sont impies ; mais
dans les personnes qui ne le sont pas encore?...

Parce que le siècle n'en est plus à l'impiété.

Il n'y a point de milieu pourtant : l'impiété,
étant nécessairement quelque part, est de votre
côté, ou elle est du nôtre.

*Qu'importe la politique libérale de Rousseau dans
une monarchie constitutionnelle ?*

Elle importe, si, comme vous le pensez, elle
est mauvaise, et que la *monarchie constitutionnelle* soit bonne.

Voulez-vous mieux vous convaincre, Messieurs,
à quel point tout est changé? *Les principes mêmes
que je développe à cette tribune auroient été des blasphèmes légalement, sinon justement punis, dans l'ancienne monarchie.*

Dieu n'a pas changé; les *blasphèmes* n'ont
pas changé davantage.

Si *un auteur* se fût avisé de publier la Charte comme

un rêve de son cerveau, il eût été décrété de prise de corps, et son procès lui auroit été fait et parfait.

C'est qu'en effet ce qui appartient peut-être à un roi, n'appartient certainement pas à *un auteur*.

Apprenons donc à connoître les temps où nous vivons, ne jugeons pas du péril des livres d'après les anciennes idées et les vieilles institutions; ne réglons pas la liberté de la presse par des maximes qui ne sont plus applicables : *si vous ressuscitiez aujourd'hui le code romain* tout entier et les lois féodales, n'est-il pas évident que vous ne sauriez que faire des dispositions relatives aux empereurs ou aux *esclaves*, ou des droits de Champart, de Capsoos et d'Ostises?

Si la tyrannie ou le chaos des *codes romains* pouvoit renaître, ce ne seroit certes pas à l'absence de la liberté de la presse qu'on le devroit, mais à ses effrayans abus.

Une autre manie de ces hommes qui ont inspiré le projet de loi est de parler d'un coup d'État. A les entendre, il *suffit de monter à cheval* et d'enfoncer son chapeau. Ils oublient encore que *le coup d'Etat* n'est point de l'ordre actuel, et qu'il n'appartient qu'à la monarchie absolue.

C'est d'être juste et de porter le *coup* d'Etat juste, qu'il *suffit*. Et cette sorte de *coup d'état* appartient à toutes les *monarchies*.

A dater du règne de Louis **XIV**, où l'ancienne constitution du royaume acheva de périr, la couronne, en exerçant le pouvoir dictatorial, ne faisoit, avant l'année 1789, qu'user de la plénitude de sa puissance. Il n'y avoit pas révolution dans l'État par le coup d'État, parce qu'en fait, le Roi étoit chef de l'armée, législateur suprême, juge et exécuteur de ses propres arrêts; *il réunissoit aux pouvoirs militaire et politique les attributions de la justice civile et criminelle.*

Il les réunit encore, puisque c'est lui qui convoque les collèges électoraux, et qui *constitue* la pairie et la magistrature.

Tout subsistoit donc dans l'Etat, après le coup d'Etat, parce que le Roi étoit là, et que tout étoit dans le Roi : mais dans la monarchie constitutionnelle, la liberté de la presse et la liberté individuelle entrent dans la composition de la loi politique qui garantit ces libertés. Les juges inamovibles ne peuvent être destitués; les chambres, partie intégrante du pouvoir législatif, ne peuvent être abolies. *Le coup d'Etat, dans une monarchie constitutionnelle, seroit une révolution.*

Le *coup d'État* d'une ordonnance de censure de quelques écrits dangereux, si *coup d'État* il y a, ne seroit qu'une *révolution* de ces écrits.

Car après ce coup d'Etat, qui porteroit sur les individus, les tribunaux et les chambres, *il ne resteroit plus que la couronne,* laquelle ne représenteroit plus, comme dans la monarchie de Louis XIV. tout ce qui auroit péri.

La *couronne* pouvant toujours tout rétablir, quand *elle reste, tout* reste.

Entendroit - on par un coup d'Etat un mouvement renfermé dans les limites constitutionnelles : la dissolution de la chambre des députés, l'accroissement de la chambre des pairs? Ce ne seroit pas un coup d'Etat, ce seroit *une mesure qui ne produiroit rien* dans le sens du pouvoir absolu.

Alors pourquoi, si elle avoit lieu, l'attaquer?

Il est pourtant vrai, Messieurs, que *la tyrannie a un moyen* d'intervenir dans la monarchie représentative.

Quoi! vous prévoyez, sous les Bourbons, la *tyrannie!* et pourtant, vous le savez, les Bourbons ne sont pas dans l'usage d'imposer la tyrannie : il leur est seulement quelquefois arrivé de la souffrir, notamment en allant à l'échafaud!

Voici comment : les trois pouvoirs pourroient s'entendre pour détruire toutes les libertés; *un ministère conspirateur* contre ces libertés, deux chambres vénales et corrompues, votant tout ce que voudroit ce ministère, plongeroient indubitablement la nation dans *l'esclavage.* On seroit écrasé sous le triple *joug du des-*

potisme monarchique, aristocratique et démocratique. Alors le gouvernement représentatif deviendroit la plus formidable machine de servitude qui fût jamais inventée par les hommes.

Un ministère ne *conspire* que lorsque la royauté conspire aussi, et alors la *conspiration* n'est pas dangereuse.

Heureusement, par la nature même de la coalition des trois pouvoirs, cette coalition seroit de courte durée : quelle explosion extérieure, quelle *réaction,* même dans les chambres, au moment du *réveil !*

Vous avez, en prévoyant *la tyrannie,* calomnié la royauté; vous deviez calomnier la nation, en prévoyant son *réveil.*

Voilà pourtant, Messieurs, les méprises où tombent ceux dont l'esprit a inspiré le présent projet de loi : ils rêvent la monarchie absolue sans ses illusions, le despotisme militaire sans sa gloire, la monarchie représentative sans ses libertés. Espérons que, pour la sûreté du royaume, le pouvoir ne sera jamais remis entre de pareilles mains. Si ces insensés essayoient seulement de lever l'impôt dans un de leurs trois systèmes, le *premier Hampden qui se croiroit le droit de refuser cet impôt, mettroit le feu au quatre coins de la France.*

Et vous manquez d'indignation contre cet Hampden !

En vain, on s'irrite contre les développemens de

l'intelligence humaine. Les idées qui étoient autrefois un mouvement de l'esprit hors de la sphère populaire, sont devenues des intérêts sociaux ; elles s'appliquent à l'économie entière des gouvernemens. Tel est le véritable *motif de la résistance* que l'on trouve lorsqu'on veut aujourd'hui repousser les idées.

Il n'y a jamais de *résistance* dans des citoyens, quelsqu'ils soient, que lorsqu'il n'y a pas eu de *volonté* dans les gouvernemens.

Nous sommes arrivés à l'âge de la *raison politique :* cette raison éprouve le combat que la *raison morale* éprouva lorsque J.-C. apporta celle-ci sur la terre avec la loi divine. Tout ce qui reste de la vieille société politique est en armes contre la raison politique, comme tout ce qui restoit de la vieille société morale s'insurgea contre la raison morale de l'Évangile.

La *raison politique* de nos libéraux, et la *raison morale* du Sauveur du monde ! Si jamais il y eut matière à un contraste, c'est cela ; et on en fait un sujet de comparaison !

Inutiles efforts ! les monarchies n'ont pas les conditions du despotisme, *les hommes n'ont plus les conditions d'ignorance nécessaires pour le souffrir.*

Ce que vous appelez les *conditions du despotisme,* ne seroient-ce pas celles de la monarchie pure et simple ? Les hommes n'ont plus guère en effet *les conditions pour la souffrir,* et c'est pour cela que l'autorité doit les leur rendre.

Si les monarchies modernes ne vouloient pas s'arrêter dans la monarchie représentative, après de vains essais d'arbitraire, elles tomberoient dans la république représentative. C'est donc nous pousser à l'abîme que de nous présenter une loi qui, en détruisant la liberté de la presse, brise le *grand ressort de la monarchie* représentative. Ce ne sont point là de vaines théories, ce sont des faits qui, pour être d'une haute nature, n'en sont pas moins des faits, par lesquels toute la matière est dominée. Vous y ferez, Messieurs, une attention sérieuse, quand vous discuterez les articles du projet de loi.

Si le droit d'écrire sur, pour et contre toutes choses, laissé indistinctement à tout le monde, est le *ressort* de la monarchie, que sont les députés, les pairs, le Roi?... Des *machines* apparemment !

Ce projet sur lequel il vous reste à conclure est donc, selon moi, l'ouvrage de ces étrangers dans le nouveau siècle, de ces voyageurs qui n'ont rien regardé, de ces hommes qui font le monde selon leurs mœurs, et non selon la vérité. Ils ont horreur des lettres : craignent-ils d'être dénoncés par elles à la postérité? C'est une véritable terreur panique : *pourquoi avoir peur d'un tribunal où ils ne comparoîtront pas ?*

Les hommes d'État les plus ordinaires *comparoîtront au tribunal de la postérité* bien plus sûrement que les faux hommes de lettres; et quand ils n'y comparoîtroient que pour rendre compte de les avoir tolérés!

Les ministres sont-ils eux-mêmes les hommes d'autrefois? Le projet de loi est-il l'ouvrage de leurs intérêts, de leurs préjugés, de leurs souvenirs, de leurs mœurs? N'ont-ils fait que céder à des influences étrangères? Ont-ils été trompés par le bruit que l'on a fait autour d'eux, bruit qu'ils auroient pris pour *les réclamations de la France*?

La *France* obéit, les sujets mauvais seuls *réclament*.

N'ont-ils simplement cherché que la sûreté de leurs places? Tout ce que nous savons, c'est que le projet de loi est devant nous.

Leurs adversaires déplacés n'ont-ils simplement cherché, dans leur opposition au projet de loi, qu'un nouveau moyen de rentrer dans les fonctions qu'ils ont perdues?

Il étoit difficile de rendre palpable aux générations présentes ce *songe* du passé. En évoquant cette *idée morte*, il falloit l'envelopper de quelque chose de matériel, afin qu'elle pût nous apparoître : on l'a donc revêtue d'une loi; on a pourvu ce corps des organes propres à exécuter tout le mal que l'esprit pensoit. Il est résulté de cette création on ne sait quel *fantôme :* *c'est l'ignorance personnifiée dans toute sa laideur,* revenant au combat contre les lumières, pour faire rétrograder les sociétés, pour les refouler dans la nuit des temps et dans l'empire des ténèbres.

Vous dites cela de *la loi* du ministère ! et si le ministère le disoit *du discours* où vous l'attaquez !

Mais cette ignorance, Messieurs, a compté trop tôt sur la victoire. Elle va vous rencontrer sur son chemin, et ce n'est pas chose facile pour elle, que de subjuguer tant d'esprits éclairés.

Messieurs, *c'est peut-être ici mon dernier combat pour des libertés,*

Plût à Dieu !

Que j'ai proclamées dans ma jeunesse comme dans les derniers jours de ma vie.

On revient aisément à ses premières amours. Vous donnez là une grande leçon à la *jeunesse,* en même temps que vous faites un compliment au ministère du mois de mai 1827.

J'ai soutenu vingt fois devant vous à cette tribune les mêmes doctrines. Le peu de temps que j'ai passé au pouvoir n'a point ébranlé ma croyance ; on n'est point venu vous demander, pour *favoriser les victoires de*

M. le Dauphin pendant la dangereuse guerre d'Espagne, le sacrifice qu'on sollicite aujourd'hui pour amener des triomphes que j'ignore.

Mgr. le Dauphin n'a vaincu que grâces à Dieu et à son épée.

Avant le ministère, pendant le ministère et après le ministère, je suis resté dans mes doctrines : *mon opinion tire au moins quelque force de sa constance.*

Jamais opinion d'écrivain n'a perdu plus de force de sa légèreté : on feroit une intéressante *histoire* de vos *variations.*

Si l'indépendance m'avoit jamais manqué pour exprimer ce qui me paroît utile, je trouverois aujourd'hui cette indépendance dans mon âge : je suis arrivé à cette époque de la vie où l'espérance ne manque pas à l'homme, mais où le temps manque à l'espérance. *Aucun intérêt particulier ne me fait donc ni parler, ni agir;* que m'importent les ministres présens et futurs?

Et pourquoi des *intérêts particuliers* feroient-ils plutôt parler les adversaires des *ministres?*

Les hommes ne me peuvent plus rien, et *je n'ai besoin de personne.*

Plus on est grand, plus on a besoin de tout le monde.

Dans cette position, j'oserai dire, en finissant, quelques vérités que d'autres craindroient peut être de faire entendre : c'est mon devoir comme citoyen, comme pair de France et comme sujet fidèle.

Messieurs, on ne peut se le dissimuler, le *gouvernement représentatif est attaqué dans sa base.*

Cela est vrai ; il s'agit de savoir par qui.

On cherche à enlever la publicité à ses débats ; les aveux que l'on a faits, la *haine qu'un certain parti* a manifestée contre la *Charte,* tout annonce qu'une fois plongé dans le silence, on s'efforceroit de détruire ce que l'on déclare ne pas aimer. On ne réussiroit pas, je le sais ; mais on prépareroit de grandes douleurs à la France.

La *Charte* s'accommoderoit peut-être beaucoup mieux de la prétendue *haine d'un certain parti* (celui du *Roi* et des *honnêtes gens*), que de l'amour d'un *certain* autre *parti.*

Quel que soit le sort du projet de loi, ce projet, par sa seule apparition, a fait un mal qu'une longue administration dans le sens de la Charte pourroit seule maintenant effacer. *Il a démontré qu'il existoit des hommes ennemis décidés de nos institutions,* des hommes déterminés à les briser aussitôt qu'ils en trouveroient l'occasion. Jusqu'ici, on avoit soupçonné ce fait, mais on n'en avoit pas acquis la preuve. Aujourd'hui, tout est à découvert : *le projet a tout révélé.*

Cela est vrai aussi.

Non , Messieurs, on ne veut point de la Charte lorsqu'on prétend violer le principe même du gouvernement représentatif. Jetant tous les masques, déchirant tous les voiles, les partisans du projet de loi ont montré le fond de leur pensée; ils n'ont fait aucun mystère de leur opinion. Cette certitude acquise de l'existence d'un *parti qui a l'horreur de l'ouvrage de Louis XVIII,* d'un parti qui, d'un moment à l'autre, peut se faire illusion au point d'entreprendre tout contre nos libertés; cette certitude, dis-je, attriste profondément les hommes dévoués au monarque et à la monarchie.

Tout cela est vrai encore.

Les désaveux ne rassureront personne. En vain on voudra faire passer pour le cri des intérêts privés, le *cri de réprobation qui s'est élevé* contre le projet de loi d'un bout de la France à l'autre.

Grâces aux vingt mille organes quotidiens du *Constitutionnel !*

Ou il faut compter la Charte pour rien, le gouvernement représentatif comme une chose transitoire, les changemens arrivés dans la société comme non avenus, ou il faut maintenir la liberté de la presse; *sans elle,* il n'y a plus rien qu'une moquerie politique.

C'est *avec elle,* qu'il faut dire.

Combien de temps les choses pourroient-elles aller

de la sorte ? *Tout juste le temps* que la corruption met à se dissoudre, et la violence à se briser.

Très-bien.

La légitimité, ainsi que la religion, est toute-puissante; elle peut, de même que la religion, tout braver dans la monarchie constitutionnelle; mais avec ses conditions nécessaires, c'est-à-dire, avec les autres légitimités.

La *légitimité* n'est *toute-puissante* que lorsqu'elle *prête main-forte* à la religion, qui seule est *toute-puissante.*

Et au premier rang de celles-ci, se trouve *la liberté de la presse.*

Dites *sa police.*

Sous la république, sous l'Empire, auroit-on pu vendre publiquement dans les rues les bustes de Louis XVIII et celui de son héritier, comme on vend au milieu de nous, *sans dommage* pour la race royale, le portrait de Buonaparte et de son fils ? Non, sans doute : les deux usurpations auroient péri.

Sans dommage! vous croyez ?

Pour se mettre à l'abri, *elles tuoient les distributeurs* de tout ce qui rappeloit le pouvoir légitime ; elles égorgeoient ou déportoient les écrivains et établissoient la censure.

La monarchie ne *tue* pas, elle ne punit même

pas, elle menace seulement (et cela suffit) ces *distributeurs*.

Le fils de Cromwel passa tranquillement ses jours en Angleterre, sous le règne des deux fils de Charles Ier. Le jeune homme de Vienne viendroit aujourd'hui s'établir en France, qu'il *ne seroit qu'un triomphe de plus* pour le trône légitime, qu'une preuve de plus de la force du droit dans la couronne, et de la magnanimité dans le souverain.

Il ne seroit qu'un triomphe de plus ! je veux le croire; mais ce ne seroit certes pas à la liberté de la presse que le *trône légitime* en seroit redevable.

Mais il en seroit tout autrement, si vous violiez les conditions naturelles de la monarchie représentative. Détruisez la liberté de la presse; *faites que des défenseurs indépendans ne puissent plaider la cause de la légitimité,* qu'ils ne puissent surveiller, dénoncer par l'opinion publique les manœuvres des partis, alors les *conseillers malhabiles* de la légitimité se trouvent dans une condition de soupçon, de tyrannie, de foiblesse, pareille à celle des conseillers de l'usurpation.

La religion et la monarchie sont bien *des causes* en effet (elles sont les plus grandes de toutes); mais c'est pour cela précisément que tout le monde n'a pas le droit de les plaider, et les *dé-*

fenseurs indépendans l'ont moins que tous les autres.

Un ministère qui *croiroit avoir besoin de silence,* qui sembleroit avoir des raisons secrètes de cacher la légitimité, méconnoîtroit la nature de cette puissance.

Le ministère a besoin du silence des esprits faux, par la raison toute simple que le Roi, et surtout les bons citoyens en ont besoin aussi.

Une gloire immense, des malheurs presque aussi grands que cette gloire, le bien rendu pour le mal, voilà ce qu'offre l'histoire de notre famille royale.

Nous croyons pouvoir affirmer que *la famille royale* a dû *son immense gloire* à sa justice, et *ses malheurs,* presque aussi *grands* que sa gloire, à son indulgence en matière de liberté de la presse.

Et cette triple légitimité pourroit être troublée par quelques misérables pamphlets qui n'atteindroient pas même les existences les plus obscures !

Peut-être !

Il y a une France admirable en prospérité et en gloire, avec nos institutions. Il y a une France pleine de troubles, privée de nos institutions.

Pour arriver à la première, il suffit de suivre le mouvement naturel de l'esprit de la Charte; chose d'autant plus facile aujourd'hui que toutes les préventions personnelles ont disparu, que *toutes les capacités,* dans quelque opinion qu'elles aient été placées, *se réunissent* dans des principes communs.

C'est, comme on voit, le

« Nul n'aura de l'esprit que nous et nos amis. »

Pour arriver à la seconde France, à la France troublée, il faut apporter chaque année des mesures en opposition aux mœurs, aux intérêts, aux libertés du pays. Après s'être rendu bien malheureux soi-même par des efforts si déraisonnables, on gâteroit tout, et *les imprudens promoteurs d'un système funeste* achèveroient leurs jours dans de douloureux, mais d'utiles regrets.

Pour trouver cela juste, nous n'avons besoin que de vous l'appliquer.

Il me semble, Messieurs, entendre votre réponse : « Le Roi, me direz-vous, n'est-il pas là pour nous sauver, si jamais quelque danger menaçoit la France? La Charte périroit, que le souverain resteroit encore. On retrouveroit en lui, non tous les pouvoirs comme dans la monarchie absolue, mais quelque chose de mieux et de plus, toutes les libertés. » *Je le sais,* un prince religieux n'a pas en vain juré de maintenir l'œuvre de son auguste frère.

Je sais ! Et nous aussi *nous savons.*

Il auroit bientôt puni quiconque oseroit y porter la main.

Alors même que le *quiconque* croiroit *porter la main à l'œuvre* pour la défendre.

Mais s'il est facile à ce monarque, modèle de loyauté, de franchise et d'honneur, *s'il lui est facile de calmer les orages*, j'aime encore mieux qu'il vive en paix, heureux du bonheur qu'il donne à ses peuples, dans la région pure et sereine où sont placées ses royales vertus.

Facile... Il n'a qu'à se montrer.

En donnant mon vote contre la loi en général, je ne renonce point au droit d'en combattre et d'en discuter les articles, puisqu'il faut en venir à cette lamentable discussion. Je vote à présent contre l'ensemble d'un projet de loi qui *met la religion en péril*, parce qu'il fait calomnier cette religion ; je vote contre un projet de loi destructeur des lumières, et attentatoire aux droits de l'intelligence humaine ; je vote contre un projet de loi qui proscrit *la plus précieuse* de nos libertés.

C'est avec elle en effet qu'on retrouve toutes les autres, notamment celle de juger les rois.

Je *vote* contre un projet de loi qui, en attaquant l'ouvrage du vénérable auteur de la Charte, *ébranle le trône des Bourbons.*

C'est votre *vote* qui *ébranleroit le trône,* si le trône pouvoit être *ébranlé.*

Si j'avois mille votes à donner contre ce projet impie, je les donnerois tous, croyant remplir le premier de mes devoirs envers la civilisation, la religion et la légitimité.

Vous voyez le *péril* là où nous voyons le salut, l'*impiété* là où nous voyons la religion. *Vous croyez remplir,* en défendant la liberté de la presse, le *premier de vos devoirs envers la civilisation, la religion et la légitimité.*

Nous croyons, nous, que vous violez ce *devoir.*

Vous récusez l'Eglise universelle.

Quel sera notre *juge?* Le premier ministre au département du monde, le temps.

FIN.